字字有來頭
ABOUT characters
文字學家的殷墟筆記

甲骨文字典

國際甲骨文權威學者
許進雄 著

目錄

二 戰爭、刑罰、政

三 日常生活I 食與衣

四 日常生活II 住與行

五 器物製造

前言

理解字的由來，即是理解文化與歷史

——關於《甲骨文字典》

許進雄

若說一個字即是一部文化史，那麼這部字典便是一部關於文字演進的文字小史，也是滿布古人生活痕跡、訊息含量極高的文化史。

我在字畝文化出版了《字字有來頭》系列，最初的寫作計畫是，依動物、政治、食衣、住行、產業、人生歷程等六個主題，以比較通俗的寫法，介紹跟這六個主題有關的古文字的創意。六冊都出齊後，字畝文化又把六冊所介紹的字匯集起來，並作筆畫與注音的索引，書名訂為《甲骨文簡易字典》。只收六百多字而名為字典，我擔心有點名不副實，所以就自動請纓，依《甲骨文簡易字典》的格式，把《說文解字》所收錄的形聲字以外的表意字都補齊。經此增補，新增一千零一十二字，加上《字字有來頭》的六百十一字，總共一千六百二十三字，輯為《甲骨文字典》。

文字的創造，不是依據六書

談到漢字時，很多人會聯想到「六書」這個名詞。或以爲它是漢字的創造方法，或以爲是文字的結構方式。很多人覺得「六書」是很難懂的東西。其實，「六書」的真正意涵是可以不必深究的問題。說它難懂，是因為文本本來就說得不很清楚，不好猜測作者的原意。說不必認真考究，是因為它對於文字創意的探討其實並不很重要，也非必要。

漢字的體系，筆者根據甲骨文某些字形（郭、酒）所反映的社會背景，判斷至今應該有超過四千年以上的歷史。年代一久，文字的外形可能有相當的變化，因此，透過後來的字形，不容易了解文字最初的創意，所以就有人試着探討文字的創意。戰國時代有零星的解釋文字創意的意見，但那些文字有可能是後人加上去的。

六書的名稱，首見於戰國時代的著作。《周禮・地官・保氏》：「保氏掌諫王惡，養國子以道，乃教之六藝：一曰五禮，二曰六樂，三曰五射，四曰五馭，五曰六書，六曰九數。」從引文可以看出，「六書」原本是教學的科目，和文字的創造法則無關。漢代的學者才開始把「六書」注解為六種造字的方法。有些人甚至還以為造字創造的初期，即傳說的黃帝的史官倉頡的時代，就已經有了這些法則。

文字是為了順應生活，慢慢創發而增多的。很多創意是偶發的，並沒有預先設立一定的法則，再遵循以創造文字。尤其是歸納晚出字形所得的條例，更是難以探索創造文字當時的實情。

漢代學者借用六書的名稱來分析漢字的結構。對於六書的次序及名稱，有以下三種意見：一、班固：象形、象事、象意、象聲、轉注、假借（《漢書．藝文志》）。二、鄭眾：象形、會意、轉注、處事、假借、諧聲（《周禮．地官．保氏，鄭注引》）。三、許慎：指事、象形、形聲、會意、轉注、假借（《說文解字．序》）。這三位解說六書的源頭，都是劉歆的古文經學，但只有許慎為六書下了定義並提供例子。

西元二世紀東漢的許慎，寫作《說文解字》有其社會背景，不是一時興起而寫的著作。許慎接受賈逵的學識，而賈逵又是劉歆的再傳弟子。劉歆創立古文經學，賈逵是古文學派的創始人。所以說《說文》為古文學派，應該是淵源有自的。西漢解除了秦代規定私人不能擁有書典的禁令，提倡經學，除了口傳而以當時通行文字寫定的今文經以外，陸續有古代文獻出現。為了解讀這些古代文獻，並以之建立於學官，做為當官入仕的途徑，就有學者開始研究古代文字了。這種背景，為《說文》的寫作提供了有利的條件。

為了要取代今文經既有的地位，古文學派只得發展更具有說服力與合理的經義，而不是斷以私意，漫無標準。所以學者開始依循文字本身的規律，去探求字義與詮釋古文經的經義，因此就有了對於文字本義（即創意）的探索。

文字創造初期，並不是先建立法則才據以創造個別文字的。不過，人類思考的方式大致有一定的模式，所能想像出的創造文字的方法，各民族間應該也是差不多的。基本上，有形體的就描畫其形體，沒有形體的抽象意義，就借用某種器物的使用方式、習慣或價值等等的聯繫去表達。如果是不容易畫出的事物，或難於表達的意義，更要通過假借音讀的方式。假借的方式，可以和字形的創意沒有關聯，因此可以簡單把文字的類別分為「音讀關係的標音文字」以及「非音讀關係的表意文字」兩大類別。

許慎六書法則及其模糊空間

現在先看許慎給予六書的解釋：

(1)「指事者，視而可識，察而見意，上下是也。」

意思是字形含有非物體的部分，需要思考才能了解字的筆畫的意義。所給的兩個例子，上與下的古文字形：二，以一筆短畫在一筆長畫的上方，表示在上面的位置關係。二，以一筆短畫在一筆長畫的下方，表示在下的位置關係。這種上與下的關係，不限定於某種器物，所以不能以具體的物體形象去表達。有時不全是抽象的筆畫，會包含一個物體以及一個筆畫。例如刃字，刀是物體，刀上短畫的用意是表達刃部在刀上的部位。

(2)「象形者，畫成其物，隨體詰詘，日月是也。」

意思是隨著物體的曲折外形所畫下來的物體的形狀，就是象形字。日字的古文字形，表現總是圓形的太陽形狀，用以表示日的意義。月字的小篆字形，像老是有缺角的月亮形狀，用以表示月的意義。

(3)「形聲者，以事為名，取譬相成，江河是也。」

江字的小篆字形，以水字與工字組合。水字代表長江的意義與河流有關，這是以事為名的意思。河流眾多，各有名稱，就以工字的音讀代表長江的河流名稱，這就是取譬相成的意思。同樣的，河字的小篆，以水字與可字組合。水字表示黃河的意義與河流有關，可字的音讀代表黃河的河流名稱。

(4)「會意者，比類合誼，以見指撝，武信是也。」

武字的小篆字形，以止字與戈字組合。許慎套用楚莊王的話語，「定功戢兵，故止戈為武」。這可能是古文學家所添加的文字，以為止有停止的意義，戈字是打戰用的武器的形象，一個王者能夠讓大家都停止使用武器，才是真的武功。許慎解釋「會意」

的意思是結合不同的字意，以兩者的關係產生一個新的意義。其實，止字在甲骨的時代並沒有停止的意義，甲骨文的武字，可能表現持戈而跳舞的舞曲，或持著戈在走路的勇武形態，是一個動態的描繪，並不是兩個沒有關係的字的組合。

信字的小篆字形，許慎以為是人與言的組合，用意在於表達人的言論是有誠信的，結合人字與言字而成為信字的新意義。其實，人的言論經常是不可相信的，所以漢文帝才因大臣常說虛偽的話，把小篆「對」字（）的口的部分改為士（）。甲骨文的言，是一把長管的管樂形象；信字的意義，比較可能是持拿長管樂器的人所宣告的，才是可相信的政府政策，不可以道聽途說，胡亂猜測。

(5)「轉注者，建類一首，同意相受，考老是也。」

考字的小篆字形，許慎的解釋：「老也。从老省，丂聲。」分析為形聲字，意符說是老字形的簡省，聲符是丂。其實金文的字形，是一位拿著拐杖而行走的老人形象，或有可能與古代殺死老人的習俗有關，用以表達已經過世的父親，是一個表現具體形象的表意字。

至於老字，小篆的字形  ，許慎的解釋「考也。七十曰老。从人毛匕。言須（鬚）髮變白也。」意思是人到了七十歲稱為老，鬚髮都變成白色了。甲骨文的老字，主要有兩類字形❶／❷，前一類字形是一人戴有特殊形狀的帽子的形象，後一類字形是手持拐杖而走路的老人形象。金文的字形❸，拐杖的形象起了變化，脫離了身體，像是匕的字形，所以《說文》才有鬚髮變白的解釋。

對於「轉注」的理解，學者爭論幾近兩千年。原因是許慎所給的定義太過簡單，所謂的「建類一首」，也不知指的是什麼樣的類別。所謂的「同意相受」，更不像是個別文字的結構或造字方式，倒像是字義的應用。所給例子又是考老互訓，也不知是指意義的關係，還是聲韻的關係。所以眾說紛紜，顧此失彼，沒有一種說法能解釋清楚。其實，文字的應用，有時使用音讀的假借來表達，有時使用意義的延伸來表達。六書有「假借」而沒有引申，大致「轉注」就是引伸了，是一個字擴充字義的方式，而不是結構或造字的問題。

❶

❷

❸

(6)「假借者，本無其字，依聲託事，令長是也。」

令字的小篆字形，，許慎的解釋「發號也。从亼卪。」並沒有進一步解釋為何亼卪可以產生發號的意義。甲骨文的卪，本來是跪坐的人的形象，許慎誤解為印章的形象。想來他以集合很多印章做為發號施令的創意。依據許慎的定義，這應該是會意的方式。甲骨文的令字，創意可能是為了作戰方便，發號令者頭戴帽，在人眾中突出，易於識別，所以表達跪坐而戴高帽者是發號施令的人。不論是許慎或是筆者的解釋，令字都屬於會意或表意的創字方式。

再看長字的小篆字形，《說文》分析為从兀从匕，亡聲。先不論分析得對不對，明明已經說是一個從亡聲的形聲字。可見許慎所談的「假借」，是「文字的應用」，而不是「創造的方式」。他說：「兀者高遠意也。久則變匕（化）。者到亡也。」一對照甲骨文的字形，立刻就可以判斷許慎的解釋是錯誤的。甲骨文的長字，表現一個手拿拐杖的人，頭髮高高的豎起。可能因為老人的頭髮稀疏，常不打髻而使頭髮長長豎立的形象，一般成人都打髻，用髮笄固定住，頭髮不會豎立起來。所以借用老人的頭髮形象表達「長」的抽象概念。

從以上簡單的討論可以理解，許慎的六書，前四項（指事、象形、形聲、會意）應是文字的結構或創造的方式，後二項（轉注、假借）應是文字的應用，不全是文字結構或創造文字的法則。前四項的說明，好像把文字結構的類別已說得相當清楚，其實，每一項都有模糊空間，不是很容意把文字的結構類型劃分清楚。

進一步探究文字結構與分類

許慎說，象形字是隨物體的輪廓，畫成一個具體實物的形狀。它描繪的應該是可見、可觸摸的東西，也應是名詞。

象形字可以是描寫得非常逼真，也可以是粗具輪廓。有時是受使用文字當時環境的影響，有時則是受個人喜好的影響。譬如同一銅器的銘文，做為氏族徽號的圖像，就書寫得比較繁複逼真；而銘文的部分，就比較簡易、抽象。象形文字和繪畫仍有不同。一般而言，繪畫是描寫某特定人物的形狀，文字則是描寫人物的通性。

象形字的歸類看似簡單，卻也不容易取得一致的認定。偏重字形者，就以字的形體是否純粹描寫物形，而認定是否為象形文字。但偏重字義者，就可能依據字的使用意義去歸類，認為是表現意象的就不是象形字。

譬如高字，甲骨文，是一座高出地面的地基上的高樓形。口為後來演變的無意義的填空。有人認為這個字是象形字，因為它描繪的是一座具體的建築物形象。但也有人認為，高低是屬於概念的性質，古人假借高樓比一般家屋高大，以表達高的抽象意義。

又如大字，甲骨文，字形是一個站立的成年人的正視形象，雖是描繪人的形象，但字的意義卻是借用比小孩身體為大的大人的形體，去表示事物大小的概念，所以認為高、大二字不是象形字，而是表達意象的字。

重點在於我們所了解的甲骨文時代的字的意義，可能並不是文字創造初期的意義，也有可能在商以前的時代另有本義。一般說來，抽象的概念發展較遲。有可能在初創時，高的本義是有具體物象的高樓，後來才引伸為高度、高低。因此，對於一個字的分類，有可能受其在某時代使用意義的影響。字形也可能後來加上聲符而成為形聲形式。

又如，歸類的標準偏重於字義時，因有些物象的形體並沒有非常獨特的輪廓，需要輔助的訊息來加強其指稱。有人就因其使用的意義是名詞性的，就歸類於象形。但有人因為字形是複體形式的，就不認為是象形字了。

例如酒字，甲骨文字形，是一酒尊及三點酒滴形。有人就因象形文字應該是獨體的原則，以及有假借酉做為酒字的例子，認為酒字是表達用酒壺裝的特殊液體，或甚至認為酒字是從水酉聲的形聲字，都不認為是象形字。

又如牢字，甲骨文，字形通常是一隻牛或一隻羊關在柵欄中的形狀，但也有只作柵欄形的。牢在卜辭的意義，是一種特意豢養於牢中，不放任牠們四處遊蕩的祭祀犧牲，是指特殊的品物，並非一般的牛羊。當牢中的動物換成馬時，意義才是飼養家畜的牢廄。或以為牢字的本義為牢固，或特殊處理的祭祀犧牲，應屬表意而非象形。但它也有只作柵欄形的寫法，所以也可能本義是柵欄，後來才引申為特意豢養的牛、羊牲品。

又例如秋字，甲骨文的字形，以秋季出現的蝗災表達其季節。蝗蟲的形象是象形，但秋季的意義卻是表意的。就字形看，秋字（）是獨體的象形字。但從意義表達的手法看，應該是屬於獨體的表意字。

再舉一例，甲骨文的享字，字形是一座建在高出地面的高層建築物，因為它是享祭鬼神的特殊建築物，所以做為享祭的動詞使用。這也說明一個物象不一定是名詞形的象形字，也可能是單體的會意字。許慎的字例，只有由兩個獨體字結合而成的會意字，卻缺少這一類獨體的字例。如果將「會意」改稱為「象意」，就可以包括這類高、秋、享等獨體的表意字了。

至於《說文》中使用形聲組合來解釋字形的方式，也不能解釋到只由聲符組成，而沒有意符的字，無法涵蓋這一類型的字形。中國是單音節的語言，早期的造字以表意字（包括象形、指事、會意）為主，但因為語言中有很多概念很難用適當的圖畫表達，而漸漸增加的人事，也沒有辦法給每一個意思都造一個專字，於是就想出了兩個辦法以解決使用上的困難。一是引申，一是假借。

「引申」的方法，是使用同一個字，去表達一些與其基本意義有關的幾個意思，它可能就是許慎所說的轉注。有時某些概念之間，可以找到它們共通的特性，或是其意義有先後層次發展的關係，不妨用同一個字去表達它們的意義。

例如复字，甲骨文，字形是一隻腳踏在一個鼓風袋的踏板上，借用腳重複上下踏的動作，把袋內的空氣不斷的通過鼓風管擠進煉爐，以表達往復、重複的意義，就被借用表達與往復、重複有關的各種事務，如旅行的往返、陽光的復現、攻伐的恢復，甚至穿用多件的衣服。後來分別加上各種意符，而成為復、複等形聲字。但也有很多從复聲的字是純形聲字，和「往復」或「重複」的意義沒有關係。

又如冓字，甲骨文，字形表現兩根交接的木構件用繩子綑縛起來的樣子，也擴充用以表示各種與交接、相會有關的意義。後來為了要分別本義與其擴充意義，並確定各自的字形，有些字就在字源分別加上水、木、貝、女、見、辵、言等不同意義的屬類，成了溝、構、購、媾、覯、遘、講等，從冓聲而與「交接」的概念有關的各個形聲字。由引伸而演變成的形聲字，字群都有共同的中心意義。

「假借」的方法，是當一個意思（尤其是抽象的概念）難以用圖畫描繪時，就借用另一個發音相同或相近的文字去表達。

譬如黃字，甲骨文，字形是一組懸掛在腰際的玉珮形象，被借來表達與玉無關的黃的顏色。後來為了避免可能的混淆，就在本義的黃字加上玉的意符而成璜字的形聲形式，以與假借義的黃有所分別。

同樣的，莫字，甲骨文，字形是太陽已西下林中的傍晚時分，或者加鳥於林中，表達鳥的歸巢時間，本是時間的副詞。春秋時代，莫字被借用為否定的副詞，因此就在本義的莫字，加上日的意符而成為暮字。很多假借字就通過這個步驟而成為形聲字。

有時為了音讀的便利，或修正已發生變化的音讀，就加上新的聲符，也形成形聲字。譬如「明日」是個抽象的時間副詞，商代就借用同音的羽毛形象去表達（），到了第三期就加上立的聲符（）加以區別，戰國時代，羽字被借用為音樂宮調的名稱，後來也加上于聲（ ）。

其他如戰國時代有好幾個方國，用從虍、從魚的⿸虍魚字（ ）以替代余字，做為第一人稱代名詞。人稱代名詞都是使用音假的方法。這樣，這個形聲字在形式上可以分析為完全由聲符組合的形聲字。所以說它是形聲字也就不合適，如果稱為「象聲」字，就比較合適。

如上所述，大部分早期的形聲字是象形或表意字，經過了長期間使用，才在不知不覺中演變成形聲字。人們一旦察覺這是一種簡便有效的造字方法，就有意以這種形式大量創造新字。最早有意創造的形聲字，可能是氏族名、地名、動植物一類，很難用圖畫去表達的專有名詞。稍後才推廣到其他詞彙的領域，終於成為後世最廣泛應用的造字法。

本書取材範圍與收錄原則

大部分的形聲字是為求便利，以一個代表意義的意符，與一個代表讀音的聲符組合而成，很少存在創意的深意問題，因此不是我們探求造字創意的重點所在。所以本書的取材範圍，是《說文》所收錄的非形聲字。但在形聲字的形成過程中，有些已經創造出的象形、表意型的字，可能也為了方便音讀而加上聲符而變成形聲字，也還是有探求原來創意的必要，所以也是收錄的對象。

譬如「造」字，金文有多樣的字形❹。從文字學演變的規律來看，應該是最早的字形，表達屋子裡有一艘船的狀況。以屋子裡有船來表達「製造」的意義，創意應該是來自於在造船廠內製造船隻。屋裡有船隻，是造船廠在製造船隻的階段才有的景象。一旦船隻製造完成，就要進入水面航行了。造字的創意是很容易了解的。是進一步加上告聲的形聲字。有人不了解此字的創意，就把屋子的部分捨棄，簡化為，以致於在結構上就成了從舟告聲的形聲字了。

再進一步，可能因為製作的東西有別於船隻，有人就寫成製

❹

造兵戈的，製造金屬的器物，製造交通、旅行類的器物，或是用金錢（貝）購買的。《說文》：「，就也。从辵，告聲。譚長說：造，上士也。古文造从舟。」所標示的古文字形就是金文的字形。小篆的，原來造船的字形已經不見了，所以許慎解釋時，沒有採用常見的創造、製造的意義，而說是「就也」或「上士也」，顯然都錯了。

還有些字，大概因為字形起了大的變化，許慎沒有辦法提出合理的解釋，就便利的以形聲來解釋。對於這些字也要收錄，解釋其創意。形聲字看來很簡單，其實形聲字也有必要的條件，不符合的，就可能有創意上的奧義，需要仔細考量。

形聲字有三個要點：一、它一定包含至少一個聲符，而且聲符都是獨立的。二、形聲字與其所諧的聲符，兩者的韻母同屬一大類是必須的條件。三、形聲字與其所諧的聲符，兩者的聲母也要同屬一大類。如唇音為一類，喉音為一類，舌音又為一大類等。如果所諧的聲母或韻母有不同類別的，就可能不是形聲字。

例如喪字，《說文》的解說：「喪，亡也。从哭、亡，亡亦聲。」喪的音讀為息郎切，聲母屬舌尖的心母。亡的音讀為武方切，聲母屬微母。（周法高的擬音，喪 sang，亡 mjwang）兩者不同聲部。喪字的甲骨文❺，字形結構是一株桑樹，以及樹枝間有二至四個不等的口。口的構件在喪字中是描繪籃子的形象，創意來自採摘桑葉的作業，桑樹的枝枒間懸掛著多個籃筐，方便收集桑葉。喪字演變到金文❻等形的時候，桑樹的根部訛變成看似亡字。很明顯，亡的部分是桑樹根部的字形訛變，而不是原本充當聲符用的。

又如聖字，《說文》的解說：「聖，通也。从耳，呈聲。」聖字的甲骨文字形❼，嘴巴之旁有一個大耳朵的人，表示此人有敏銳的聽力，能辨別各種音響，是有過人才能的人。金文的聖字❽，人部分的字形演變規律，漸成為壬字形。許慎誤把口與壬合成呈字，所以解釋為從呈聲。依周法高的擬音，先秦時代聖的擬音 st,jieng，呈 diengm。聲母的類別不同，就

❺

❻

❼

❽

算甲骨文以後的聖的字形演變的過程不清楚，我們也要懷疑聖字解釋從呈聲的可能性。

不論是簡單的或是較詳細的分類，都不免有難以確定界線的字，所以不必一定要分出某個字的造字法是象形、指事或是會意，只要能與以表聲為訴求的形聲字有所分別就可以了，最重要的還是了解一個字的創意以及其使用的意義。

本書選用古字形與字體說明

這部字典談的是古文字在早期創造時的創意，供大家了解、參考，沒有打算把每個字在不同時期的所有字形收錄進來，只選取幾個代表性的字形而已。主要的字形有甲骨文、金文、小篆三種字體，稍加說明於下。

一、甲骨文

商代的甲骨文，是目前最早大量保存的文字，也是探索漢字創意最重要的材料。商代一般是使用竹簡書寫文字，但因竹簡在地下無法長久保存，所以目前見到的資料，絕大多數是刻在晚商龜甲或肩胛骨上的占卜記錄，以及少量澆鑄於青銅器上的銘文，偶爾才見使用毛筆書寫於陶器或骨器的例子。由於甲骨文字的數量最多，所以就以甲骨文泛稱商代的文字。

商代甲骨文的重要性，在於其時代早而且數量多。有刻辭的甲骨，估計迄今出土十五萬片以上。商代常用的字，絕大部分是屬於象形與表意的非形聲字，但如計算個別的可識字，大致有不到兩成的形聲字。此期字形的結構，著重於意念的表達，不拘泥於圖畫的繁簡、筆畫的多寡、或部位的安置等細節，所以字形的異體很多，限於篇幅，本書只能選取幾個字呈現。又由於甲骨卜辭絕大部分是用刀刻的，筆畫受刀勢運作的影響，圓形的筆畫被刻成四角或多角狀，比起銅器上的銘文，減少了很多圖畫的趣味性。

二、金文

金文是大約從西元前十一世紀的西周初期，到秦始皇統一中國的西元前三世紀之際的文字，包括少量晚商時期的銅器銘文。這一時期的文字也是書寫在竹簡上，都隨竹簡在地下腐化了，能夠保存下來的，主要是鑄造於青銅器的銘文，所以稱為金文。此期的文字也出現於武器、璽印、貨幣、陶器、簡牘、布帛等器物上，採用金屬以外的材料做為載體。近年簡牘和布帛的材料出土很多，使戰國時代的文字資料大為豐富起來。

青銅器是為禮儀需要而鑄造的，所記的內容是希望傳之久遠的光榮事跡，所以銘文大都書寫工整，筆法婉轉美麗。至於見於銅器以外的文字，主要目的是實用，不是禮儀所需，所以往往書寫草率而筆畫有所省略，甚至錯訛，不宜用來探討文字的創意，且資料龐雜，所以本書盡量不舉這一類的字形。此期的字形結構和位置，已漸有一貫的安排。春秋之後，新創的象形、象意字就很少了。

三、小篆

小篆是取材自許慎《說文解字》中所錄的主要字形。它反映先秦以來文字整理的結果，有時字形保持了比戰國晚期還早的傳統。譬如一個字的最高部分，如果是橫的筆畫，晚商以來，就常在上加一筆短的橫筆畫。戰國時代例子更多，而小篆就常選用不加短筆畫的較早字形。小篆之後，字的結構、筆畫、位置已差不多固定。大致來說，此後的文字在筆勢上有所變化，但基本的構架已少變動。

《說文》所收的字形主要是小篆，有異體時就標明是古文或籀文等。許慎所根據用以編寫的材料，絕大部分大概不早於戰國晚期。小篆的字形，其結構基本上與古文和籀文沒有什麼不同。如有不同時，才特別加以標明。所舉的古文，常有異於自甲骨文、金文演變下來的正規字形，比較可能是地域性，或變化後的字形。近年出土的楚文字，常與《說文》所舉的古文有極近似的結構，或許就是取材的源頭。籀文則結構常繁複，但合於傳統的文字組合趨勢，可能與小篆來自相同的源頭。

《說文》於標準字形外，常收錄不同的意符或聲符的異體字，如阱或從穴井聲，岫或從穴由聲，虹或從虫申聲，例子相當多，大致反映各地域的異文。因此，小篆可以說是秦朝整理籀文而統一各國字形後的結果。

小篆是已起了很多變化後的字形，難以依據小篆字形來探索字源。但小篆有最齊全的材料，是後世書體所依據的字形，也是辨識古代文字的媒介。與簡帛文字相較，小篆常保存較古老的字形，因此，認識小篆是研究古文字必備的知識。

本書使用方法

1. 本書完整收錄常用字及具學術代表性的補充字形，共1623字。包含《字字有來頭 1-6》的 611 字，並依各冊主題加以延伸，新增 1012 字，合計 1623 字。這些字依主題分類，再一一分析每個字的創意來源，並附有甲骨文、金文、小篆、古文、籀文等多種字形，以呈現作者在甲骨文與古文字考證中，其獨特的文字學、人類學與社會學融合觀點。
2. 在本字典中，附有漢語拼音（對照國語注音符號）檢字索引及總筆畫檢字索引，方便讀者查找使用。
3. 內文範例說明：

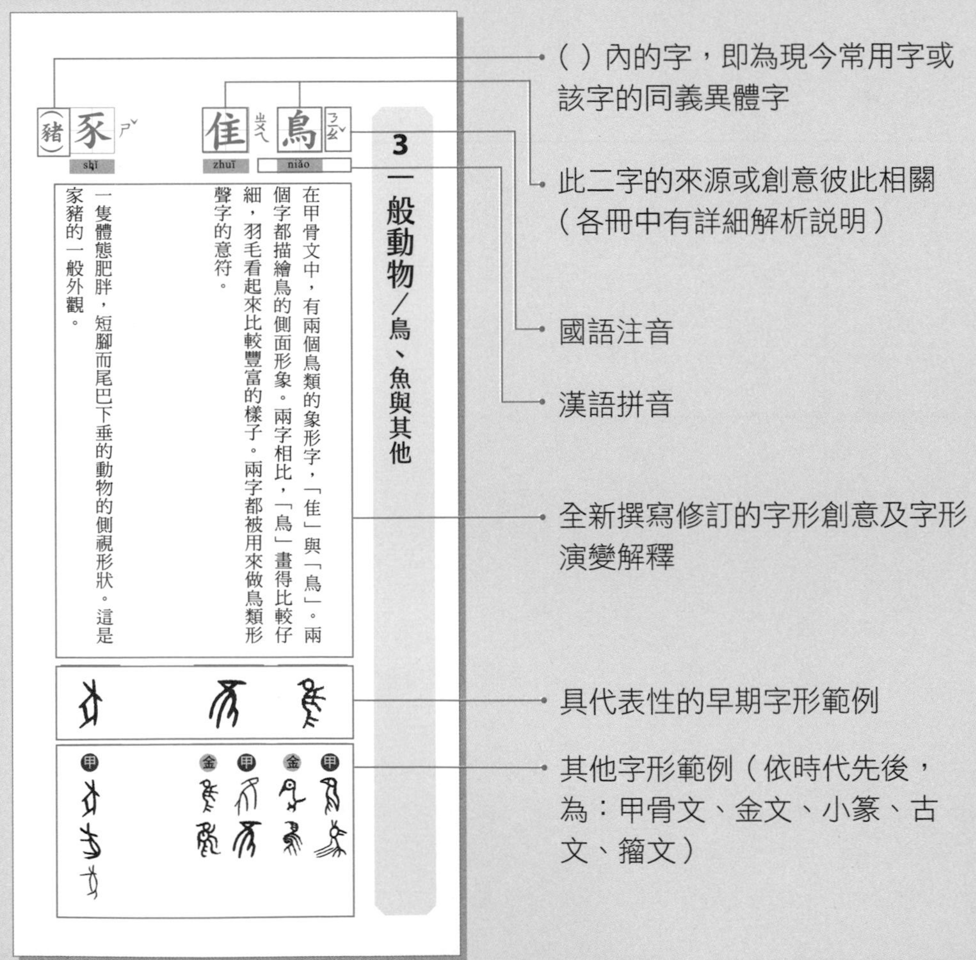

一
動物

1 野生動物／打獵的對象

鹿 ㄌㄨˋ lù

甲骨文中，「鹿」字出現的數量非常多，很容易看出都是描寫頭上生長一對犄角的偶蹄動物。由於是側面描繪，四隻腳被畫成了兩隻腳，是所有表現動物字的通例。

甲

麗 ㄌㄧˋ lì

鹿類動物頭上的犄角被放大，畫得非常仔細。美麗與否的概念是抽象的，透過描繪這一對鹿角，將「美麗」、「華麗」的意義傳達出來。

甲 金

麀 ㄧㄡ yōu

以「鹿」與「匕」組合，表示雌鹿。

篆

麤 ㄘㄨ cū（粗）

鹿群在奔跑的時候相互撞來碰去，代表行為不優雅。

甲 篆

萈 ㄏㄨㄢˊ huán

一隻頭上有一對向外彎曲的角的哺乳動物形象。

金　篆

塵 ㄔㄣˊ chén

鹿群奔跑時，身後大量塵土飛揚。後來字形簡省，只剩一鹿、一土。

篆　籀

綿 ㄙˋ sì

這種野生動物可能經常成雙出現，因為文字的創作如以相同的構件並列，必有其特別的用意。金文或加「口」，表示使用坑陷捕捉這種動物。

金　篆　古

麋 ㄇㄧˊ mí

這是眉毛有特殊花紋的鹿形，但因為純粹的圖樣難以辨別不同的鹿類，所以後來改為形聲字。

甲　篆

麃 ㄅㄧㄠ biāo

以火烤鹿肉。麞是獵人常於樹林中捕得，而就地燒食的鹿類。

金　篆

麐 ㄌㄧㄣˊ lín

有花紋的鹿類，是雌鹿的特徵，後來改為「從鹿吝聲」的形聲字。

甲 篆

虎 ㄏㄨˇ hǔ

一隻軀體修長、張口咆哮，兩耳豎起的動物象形，很容易看出是一隻老虎的模樣。

甲 金

虣（暴） ㄅㄠˋ bào

一把戈，面對一隻老虎，表達用兵戈與老虎搏鬥，是缺乏理智的粗暴行為。安全的方法是以遠射或設陷阱來獵捕。

甲 金

戲 ㄒㄧˋ xì

由老虎頭部，戈以及凳子三個單位組成，描繪一個人拿著兵戈，演出刺殺高踞於凳子上的老虎的把戲。軍事司令臺也在高臺上發布命令，因此也稱為「戲臺」。

金

虢 ㄍㄨㄛˊ guó

商周時代，不但有械鬥老虎的表演，還有更為驚險的徒手搏鬥老虎的節目。表現兩手與一隻老虎扭鬥的情狀，無疑更為刺激，更能吸引觀眾，是表現英雄威風的節目。「虢」是地名，在商代是以戲虎節目見長的地方。

甲

金

皆 ㄐㄧㄝ jiē

兩隻老虎落入坑陷中，相持不下，結果都死於坑中變成白骨，有些字形剩下一虎，或只剩兩塊殘骨在坑中。或許是筆畫太多，金文簡化為兩人在坑中的字形。

甲

金

篆

彪 ㄅㄧㄠ biāo

老虎毛皮上的花紋（彡）彪炳美麗，借以表達境況輝煌。

金

篆

号（號） ㄏㄠˊ háo

原為大聲哭喊之意，後來加上「虎」聲而成為「號」。

篆

虐 ㄋㄩㄝˋ nüè

由「虎」、「爪」、「人」組成，表現老虎以利爪殘害人，代表「殘虐」的意義。

篆 古

虒 ㄙ sī

《說文》解釋為「虎之有角者，从虎厂聲」，這是看字形胡亂解釋。因為老虎並沒有長角。字義不明，難以猜測其創意來源。

篆

豦 ㄑㄩˊ qú

字形以「虍（老虎）」與「豕（野豬）」組合，表達老虎捕捉野豬時，相鬥至分出勝負才作罷的激烈情況，有「劇烈」的意義。

篆

虤 ㄧㄢˊ yán

字形表現兩隻老虎背對背不能相容，見面就相鬥，憤怒且疲憊而分離的樣子。小篆時字形換位，而不再是互相背對的形象。

甲 金 篆

象 ㄒㄧㄤˋ xiàng

甲骨文清楚描繪大象是一種鼻子長而彎曲的動物。由地下的發掘可以證實，象群曾經長期在中國境內好幾個地方生息過。

甲

金

為 ㄨㄟˊ wéi

一隻手牽著象的鼻子，而有所作為的樣子。創意大概來自大象被馴服從事搬運樹木、石頭一類重物的工作。

甲

金

兕 ㄙˋ sì

頭上有一隻大獨角的動物。甲骨文曾經有過捕獲四十隻兕的記載，顯然是一種在商代還大量存在的野生動物。

甲

篆

古

犀 ㄒㄧ xī

把「兕」的象形字，改為「從牛、尾聲」，變成了形聲字。

金

篆

廌 ㄓˋ zhì

長著一對長角的廌獸，側面的形象。從字形看，應該是「廌」字。廌是種古代動物。商代以後氣溫轉冷，就往南遷移，終於在中國絕跡。

甲 篆

薦 ㄐㄧㄢˋ jiàn

一隻廌獸藏身在草叢中。這種動物吃薦草（草料編織的蓆子），「薦」便引申為草料編織的蓆子。

金

灋（法） ㄈㄚˇ fǎ

以「廌」、「水」（表達法律公平如水平）、「去」組成。傳說廌會用角去觸碰有罪的人，把廌牽到嫌疑者旁，如果廌用角去觸碰他，就表示這個人有罪，因而成為法律的象徵。

金

慶 ㄑㄧㄥˋ qìng

「廌」與「心」的組合，廌獸的心臟被認為是具有藥效或美味的食物，若能獲得，就足以慶祝的意思。

甲 金

羈 ㄐㄧ jī

描繪廌的雙角被繩子綑綁住。創意來自驛站裡官府拉車或坐騎的廌獸，使用繩索綑綁雙角做記號，才不會與百姓的有所混淆，更含有要加以愛護的意思。

甲

2 野生動物／四靈（龍、鳳、龜與蛇）與其他

註：四靈之一的「虎」，見P34。

龍 ㄌㄨㄥˊ lóng

一隻頭上有角冠，上頜長，下頜短而下彎，張口露牙，身子蜷曲而與嘴巴不同方向的動物形象。

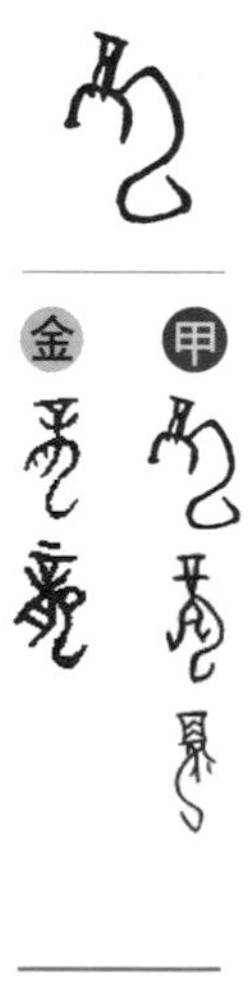

甲

金

鳳 ㄈㄥˋ fèng

一種頭上有羽冠，尾巴有長長的羽毛和特殊花紋的鳥類。很可能是依據孔雀或其他形似的大型鳥類來描繪的。也借為「風」的意思。

甲

風 ㄈㄥ fēng

在「鳳」的象形字上，加上一個「凡」或「兄」的聲符，而成為表達風意義的形聲字。

甲

篆

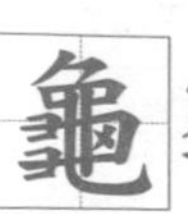

ㄍㄨㄟ guī

一隻烏龜的側面形象。龜在商代的最大用途是做為占卜的材料。遠在五千多年前，人們就燒灼大型哺乳類動物的骨頭，根據骨頭被燒裂的紋路，占斷事情吉凶的徵兆。龜的耐饑、耐渴、長壽等異常天賦，讓古人相信龜有神異的力量，可以與神靈溝通。

甲 金

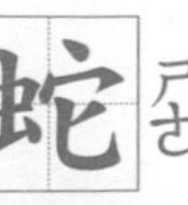

ㄕㄜˊ shé

甲骨文的「它」，腳趾被蛇咬到的樣子。金文的「它」，看起來是一條蛇的形象。這條蛇看起來身子挺直豎立，正在戒備，即將展開攻擊。「它」經常被假借為狀聲辭，後來就在原形加上義符「虫」，成為蛇字。

甲 金 篆

虫

ㄏㄨㄟˇ huǐ

一條爬在地上的蛇形，也可以代表各種或大或小、爬行或飛翔，或有或無毛髮、鱗甲的生物。

甲 金

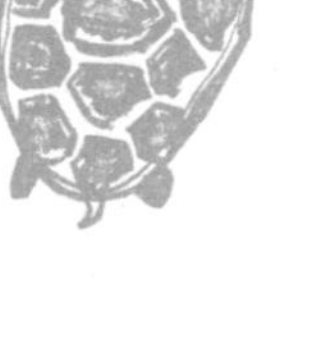

蠱 ㄍㄨˇ gǔ

幾條小蟲在一個容器內的樣子。中國文字常用三表達多數，排列成上一下二，所以演變為皿上三條虫的字形。古代沒有殺蟲劑，古人很容易想像諸如蛔蟲、瀉肚、牙痛等等病疾，都是飲食不慎吞下小蟲所引起的。

甲

鼉 ㄊㄨㄛˊ tuó

一種爬蟲動物，頭前有長長的觸鬚。觸鬚被當做「單」字的上半，類化為「單」，而被誤認是形聲字。

甲

篆

巴 ㄅㄚ bā

此字不見小篆之前的字形，《說文》指出是蟲或蛇的象形字。

篆

黽 ㄇㄧㄣˇ mǐn

一隻爬在地上的小型動物，類似青蛙的形象。

甲

金

篆

籀

蠅 ㄧㄥˊ yíng

「黽」與「虫」的組合，描繪形狀像龜、黽的小蟲。

篆

祟 ㄙㄨㄟˋ suì

推測是一種對生活造成困擾的動物形象（像是蜈蚣），需加以撲殺，所以有「災祟」與「殺害」兩層意義。

殺 ㄕㄚ shā

最早的字形，推測是蜈蚣一類多足昆蟲的形象。後來的字形起了很大的變化。

希 ㄉㄧˋ dì

在古文字的使用，「殺」、「祟」、「希」同形，有「殺害」、「災祟」的意義。

䖵 ㄎㄨㄣ kūn

很多小蟲群集的樣子。

光 ㄒㄧㄢ xiān

甲骨文的「光」字是國名，形象是多腳的小爬蟲形。

甲 金 篆 籀

甲 古 篆 籀

甲 金 篆 籀

甲 金 篆

甲 篆 籀

能 ㄋㄥˊ néng

一隻熊的側面形象。「能」是「熊」的象形字，因為熊獸雄壯有力氣，所以被借用來表示有能力的人，並另造「熊」字代表熊獸。

金 篆

熊 ㄒㄩㄥˊ xióng

由「能」與「火」組合，「能」是大型哺乳類動物的象形字，可能是「熊」的本字。「火」或許是表現人們用火來驅逐野獸的意思。

篆

鼠 ㄕㄨˇ shǔ

小篆的字形很清楚描繪老鼠坐立的形象，最上部分是牙齒，代表是嚙齒動物。戰國時代的金文，有老鼠與數目「二」的組合，或許表示老鼠已是十二生肖之首。

金 篆

竄 ㄘㄨㄢˋ cuàn

「鼠」與「穴」的組合，表現老鼠慌忙竄逃、躲入洞穴的情狀。

篆

豸 ㄓˋ zhì

甲骨文是一隻張口的野獸的側面形象，強調有壯牙的大型哺乳類動物。

甲 金 篆

狸 ㄌㄧˊ lí

甲骨文中的「霾」字，由「雨」與一隻動物的形象組成，顯然，當中的就是狸獸的象形字，但與其他表示犬、豕、豸等動物的字難以分別，就改為「從豸里聲」的形聲字。

篆

猴 ㄏㄡˊ hóu

一隻可坐、可站的猴子形象。在甲骨卜辭中，是神靈的名字，後來代以「從犬矦ㄏㄡˊ聲」的形聲字。

甲 篆

夒 ㄋㄠˊ náo

一隻可坐、可站的動物形象，看起來像是猴子。甲骨卜辭中，是遠祖神靈的名稱。

甲 金 篆

兔 ㄊㄨˋ tù

字形描繪的重點，是兔子上翹的小尾巴。

甲 篆

冤 ㄩㄢ yuān

一隻動物被困在網中，無法逃脫的樣子。甲骨文字形有兔子、猴子等不同動物形，後來只留下兔子被困在網中的字形。

甲 篆

逸 ㄧˋ yì

在行道上追逐兔子。兔子體格小，敏捷而跳得快，很容易逃逸，要利用獵狗追捕。

金 篆

毚 ㄔㄢˊ chán

兔子天性多疑，字形表現多隻狡兔在傾聽四周的動靜，偵查有無危險。

篆

熯 ㄏㄢˋ hàn

是商代因乾旱而求雨的儀式，字形非常多樣。原先是一個正面站立的巫師，雙手交叉而口張開祝禱，這是巫師求雨的姿勢，或以為這是表現挨餓而雙手按住肚子，請求上天垂憐下雨以解除人們災難的儀式。後來以火燒烤巫師的方式，希望上天憐憫巫師的苦楚而降下雨來。後期字形，有的把人形省略而成，小篆又在旁邊多加一「火」而成。

甲 金 篆

堇 ㄐㄧㄣˇ jǐn

與「熯」字同形，以火焚巫求雨的儀式，「火」的部分訛變成「土」，而成「堇」字。

甲 金 篆 古

舞 ㄨˇ wǔ

本是一人拿舞具跳舞的形象，金文假借為有無之意，因此加上「亡」的聲符。《說文》誤分析原來「舞」字為「從大與𠕋（ㄒㄧˋ）（四十）」，而以為有「豐富」的意義。

篆

無 ㄨˇ wǔ

一個人雙手拿著類似牛尾的道具跳舞。字形可分解為一個正面站立的大人形，兩隻手拿着舞具。是商代求雨的儀式。

甲 金

3 一般動物／鳥、魚與其他

鳥 ㄋㄧㄠˇ niǎo　隹 ㄓㄨㄟ zhuī

在甲骨文中，有兩個鳥類的象形字，「鳥」與「隹」。兩個字都是鳥的側面形象。兩字相比，「鳥」畫得比較仔細，羽毛看起來比較豐富的樣子。兩字都被用來做鳥類形聲字的意符。

甲　金

烏 ㄨ wū

一隻烏鴉的側面，早期字形都有嘴巴朝上，表現叫聲的特點。烏鴉的叫聲不悅耳，因此有人以烏鴉的啼叫代表凶險。烏鴉全身的羽毛漆黑，也被用來表達烏黑、黑暗的意義。

金　篆

鷹 ㄧㄥ yīng

甲骨文以一隻鳥與一隻彎曲的腳爪，表達鷹具有銳利鉤爪的特徵。牠可以在幾百公尺的高空盤旋，找到獵物時，就快速向下衝刺，以利爪鉤取獵物飛去。

金　篆

雈 ㄏㄨㄢˊ huán

這個字描繪貓頭鷹獨有的、頭上有毛如角狀的特徵。除了貓頭鷹的意義之外，在甲骨文大都假借為新舊的「舊」。後來為了分別，就在「雈」字加上「臼」的音符而成為「舊」。

雚 ㄍㄨㄢˋ guàn

這是常常鳴叫的鸛鳥，叫聲宏亮吵雜，有如很多張嘴巴在鳴叫一般。後來，「雚」加上「見」的意符而成為「觀」，加上「鳥」則成為「鸛」。

雀 ㄑㄩㄝˋ què

由「小」與「隹」組合而成，代表屋頂上常見的小鳥。

雉 ㄓˋ zhì

「矢」與「隹」的組合，這是有線纏繞的箭。當射中獵物時，可以尋線找到獵物；若未射中獵物時，也可以把線拉回來，不致遺失貴重的箭。這種箭上的線索有長度限制，只能用來射飛行不高的鳥類。

甲 金

甲 金

甲 篆

甲 篆

燕 ㄧㄢˋ yàn

一隻展翅飛行的燕鳥形象。燕子是候鳥，有季節指標的功能，對於人們安排生活有很大的幫助。

甲 篆

舄 ㄒㄧˋ xì

這個字的特徵是鳥的頭上有好幾簇高聳的羽冠，可能代表鵲鳥。不過，在金文（銘文）裡，「舄」不是指鳥類，而是指長官賞賜給高級官員行禮用的鞋子。

甲 金

隻 ㄓ zhī

手中捉著一隻鳥的樣子，重點在於掌握到東西，因而引申為「獲得」、「收獲」的意思。

甲 金

雙 ㄕㄨㄤ shuāng

表現出手中捉有兩隻鳥，意義為「兩件同樣的事物」。

篆

弱 ㄊㄚˋ tà

鳥振羽飛翔的樣子。

篆

雋 ㄐㄩㄣˋ jùn

「弓」與「隹」的組合，表示肥碩的鳥才有用弓箭射殺的價值。

篆

散 ㄙㄢˋ sàn

以手拿棍杖驅趕鳥隻，不讓牠們啄食農作物。後來與「㪔」（散）合併而成「𢿱」。

甲 篆

鳴 ㄇㄧㄥˊ míng

字形強調一隻張嘴的鳥，與一個人的嘴巴形狀，表現出張嘴鳴叫的創意。

甲 篆

進 ㄐㄧㄣˋ jìn

甲骨文是一隻鳥與一個腳步的組合，創意來自鳥只進不退，而金文則加上一個行道的符號。腳是為行走而生，行道則是為行走而設，在古文字裡這兩個符號可以相互替代。

甲 金

習 ㄒㄧˊ xí

字形中的羽毛，代表鳥的雙翅。鳥振動雙翅，會發出「習習」聲，古人借用這個情景創造「重複」的意義。讀書需要重複的練習、複習，所以有「學習」的意思。

甲 篆

集 ㄐㄧˊ jí

原意是一隻鳥在樹上棲息的樣子，金文則是三隻鳥在樹上的字形，意思是很多事物聚集在一起，用三隻鳥在樹上以正確表達它的意義。

甲 金

羽 ㄩˇ yǔ

鳥翅膀的形象，引申為覆蓋翅膀的羽毛、鳥類。金文時代把字分成兩部分，像是一對翅膀。

甲 金 篆

隼 ㄓㄨㄣˇ zhǔn

能停在手臂上，攜帶去狩獵的猛禽類。

篆

喿 ㄗㄠˋ zào

一棵樹上有三個「口」的形狀，「口」代表鳥的嘴巴。不同的鳥，不同的音調，一起在樹枝間啼叫，代表非常吵雜煩人。

金 篆

焦 ㄐㄧㄠ jiāo

一隻鳥在火上面，表示把鳥燒烤來吃，且要烤得有點燒焦才好吃，所以也借用表達心裡焦急的狀態。

金 篆

離 ㄌㄧˊ lí

一隻鳥被捕鳥的網子捉住。有的網子會架設在固定的地方，靜待鳥兒自己前來投網。活捉的鳥兒可以拿來關在籠子裡觀賞，鳥身上的羽毛也比較能保持完整，可以拿來裝飾服裝。

甲

奪 ㄉㄨㄛˊ duó

構件較為複雜的字，有「衣」、「手」、「隹」，以及衣裡頭的三個小點，表現誘騙鳥類前來啄食的米粒。字形描繪以衣物做為陷阱，這時鳥已被使用衣服做的網所罩住，被人捕捉而持拿在手中，掙扎想要脫逃的樣子。

金

奮 ㄈㄣˋ fèn

表現一隻鳥被設在田地上以衣服架設的陷阱所困住，振動翅膀想脫離困境；或表現鳥在田地上被棍棒驅逐，而奮起飛翔的樣子。

金 篆

隺 ㄏㄜˋ hè

一隻鳥的頭上有特殊形象，表現鶴的頭部。鶴頸長，頭部位置高於一般鳥類，因而有「高至」的意義。

篆

弱 ㄖㄨㄛˋ ruò

鳥的兩隻翅膀下垂，因過於疲倦，以致無力振羽高飛的疲弱樣態。

篆

冡 ㄇㄥˊ méng

被罩蓋、養在籠中的鳥兒，視界受阻，有「覆蓋」的意義。在甲骨卜辭中，借視線不清，表示「陰天」。

甲

篆

飛 ㄈㄟ fēi

一隻鳥展翅飛翔的樣子。

金 

篆

巢 ㄔㄠˊ cháo

樹上有個巢，巢中有等待被餵食的幼鳥。

篆

梟 ㄒㄧㄠ xiāo

一種老是在樹上棲息，很少飛翔的鳥類。

篆

罔 ㄨㄤˇ wǎng

以網捕捉鳥，使牠不得飛走。

甲 篆

翟 ㄉㄧˊ dí

一隻鳥高舉雙翅要飛起來的模樣。

金 篆

奞 ㄒㄩㄣˋ xùn

「大」與「隹」的組合，表達大鳥的翅膀有力，振動有聲響的樣子。

篆

吅 ㄒㄩㄢ xuān

從「雚」字所分解出來的字。「雚」是雚爵鳥的名稱，除了彎曲的雙眉外，又多雙口，代表鳥的叫聲吵雜。

甲 金 篆

雔 ㄔㄡˊ chóu （讎）

二鳥相對啾叫不停，有如仇敵相罵而不退讓，所以有「仇敵」的意義。

金 篆

瞿 ㄑㄩˊ qú

有銳利雙眼的鳥類（鷹隼），借以表達此人有銳利明亮的眼神。

篆

雟 ㄒㄧ xī

從金文字形看，是有頭冠也有長尾羽的鳥類，而不是從冏聲的形聲字。

金 篆

矍 ㄐㄩㄝˊ jué

一個人的手上停留一隻雙眼銳利的鳥類（鷹隼）。鷹是打獵的好幫手，視覺廣遠敏銳，借以表達擁有銳利的眼神。

篆

蒦 ㄏㄨㄛˋ huò

一種習慣停靠在獵人手臂上的鷹隼猛鳥，眼睛銳利，能飛上高空搜尋獵物，獵人經常攜帶去打獵。

金 篆

舞 ㄨˇ wǔ

甲骨文本有一字形，是一人高舉雙手布置網子，並捕獲一隻鳥，但後來誤寫成網下舞字，而以為是形聲字。

甲 篆

靃 ㄏㄨㄛˋ huò（霍）

下雨時，眾鳥紛紛振羽尋找避雨所，以致聲音紛雜的狀況。後來三隹簡省為二隹、一隹。

甲 金 篆

焉 ㄧㄢ yān

像焉鳥的頭部，有特殊形狀的羽冠形，後假借為語詞。

金 篆

乙 ㄧˇ yǐ

描繪一種經常在天空飛翔，但看不清楚其樣貌的飛鳥形。

篆

几 ㄕㄨ shū（鳧 ㄈㄨˊ）

「几」字是從「鳧」字分解出來的字。「鳧」，水鴨游水時以蹼划水的樣子，「几」在下，表現蹼的形狀。

金 篆

魚 ㄩˊ yú

一尾魚的形狀，鱗、鰭等魚類特點都有表現出來。

甲 金

漁 ㄩˊ yú

甲骨文有不同的字形，反映捕魚的不同方式，有手拿著釣線釣魚的字形，也有以手撒網捕魚的字形。

甲

魯 ㄌㄨˇ lǔ

盤子上有一尾魚，是為美食，而有「嘉美」的意義。

甲 金

鯀 ㄍㄨㄣˇ gǔn

釣魚的線繩，材料有別於一般的繩索。

金 篆

鰥 ㄍㄨㄢ guān

流淚的眼睛與一隻魚的組合，本來意義是一種大魚。尚未能確認創意為何，但能肯定不是「從眔（ㄊㄚˋ）」的形聲字。假借為喪妻未再娶的人。

金 篆

魝 ㄐㄧㄝˊ jié

用刀殺魚的樣子。

篆

罪 ㄗㄨㄟˋ zuì

字形如細密的、用來捕魚的網子；「陷人於罪」，亦如以網捕魚。

篆

穌 ㄙㄨ sū

金文是「魚」與「木」的組合，是姓氏「蘇」字，但應另有本義。另一說是「甦醒」之意。

金 篆

鱻 ㄒㄧㄢ xiān

以三條魚相疊，表達魚多腥味重。

金 篆

尒 ㄦˇ ěr （爾）

可能是從「爾」字假借和簡化而來。金文「爾」字的形象是類似竹編的捕魚工具，讓魚蝦能進而不能出。

金 篆

籋 ㄋㄧㄝˋ niè

與「爾」字不同韻，因此非形聲字。可能是以竹片製作的捕魚籠子的會意字。

篆

易 一ˋ yì

推測這是硬殼水生軟體動物的形象，三個斜點可能表示其生活的環境，或爬行後留下的痕跡。金文的字形起了訛化，看似有頭部，所以《說文》說是蜥蜴一類的爬行動物。

甲 金 篆

鼂 ㄔㄠˊ cháo

某種頭部形象特殊的昆蟲。字形曾有訛變。

篆 古

鼄（蛛） ㄓㄨ zhū

甲骨文字形是蜘蛛的象形。金文加上「朱」的聲符，或把義符「黽」改為「虫」。

甲 金 篆

蜀 ㄕㄨˇ shǔ

頭大而細身蜷曲的蟲，可能是蜀地的特產，所以用來代表蜀地。金文加上「虫」。

甲 金 篆

蠲 ㄐㄩㄢ juān

皿中的水浮現因食物腐化而生的小蟲，已不能食用，必須丟棄，如「蠲除」。

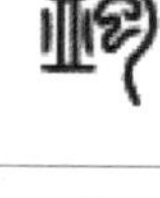

篆 

肙 ㄩㄢ yuān

一隻蚊子的幼蟲，身子蜷曲而浮在水面上的樣子。甲骨文的意義是「捐（蠲）除」，蚊蟲要在這個階段才容易消滅，所以有「消除」的意義。到了金文，頭部已訛成「口」，身子訛成「肉」了。

甲 

金 

篆

豢 ㄏㄨㄢˋ huàn

以雙手捧著一隻懷孕的母豬，是害怕母豬發生意外，加以照顧的意思。

甲 篆

龔 ㄍㄨㄥ gōng

以雙手抱起一隻龍。這個字除了做為龔王的名字之外，都代表恭謹樸實的意義，後來的典籍多用「龔」或「恭」字取代。

甲 金

龐 ㄆㄤˊ páng　**寵** ㄔㄨㄥˇ chǒng

「宀」和「广」都是有關建築物的意符，兩個字都是以「龍」與「房屋」組合的字，一個是表意字，一個是形聲字。「龐」有高屋的意義，因為飼養「龍」需要寬敞高大的空間。「寵」則是假借龍的讀音，表達尊貴者的房屋。

甲 金

畜 ㄔㄨˋ chù

動物的胃連帶有腸子的形象。古代未有陶器之前，人們常以動物的胃做為容器，用來儲存水、酒以及食物，方便行旅使用。所以還有「收容」、「保存」等引申意義。

甲　金

牛 ㄋㄧㄡˊ niú

一隻牛的頭部形狀。體型高大，壯碩魁偉，屬於哺乳綱偶蹄目，是中國很常見的家畜之一。

甲　金

牡 ㄇㄨˇ mǔ

區分動物的性別，在商代是很重要的事。甲骨文習慣用「士」表達雄性動物，用「匕」字表達雌性動物。在牛旁邊加上「士」或「匕」，就可區分是公還是母。

甲

牝 ㄆㄧㄣˋ pìn

甲

士 ㄕˋ shì

在甲骨文中，這個符號是動物的雄性性徵，如　　。後來筆畫增繁，看不出真正的形象。

金　篆

牢 ㄌㄠˊ láo

一隻牛或羊，在一個有狹窄入口的牢圈內。將精選過的牛或羊，飼養在特殊的柵欄內，不放任牠們四處啃食不清潔的草料，等待做為祭祀使用的精選牲品，表示對神的尊敬與慎重。

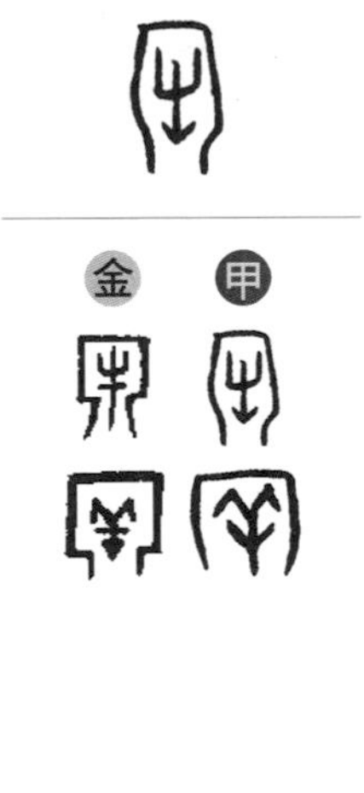

甲 金

半 ㄅㄢˋ bàn

把牛體分解成左右兩半的意思，是祭祀提供牲體的形式之一。

金 篆

牟 ㄇㄡˊ móu

在「牛」字之上用記號表示牛鳴叫的聲音，是指事字。

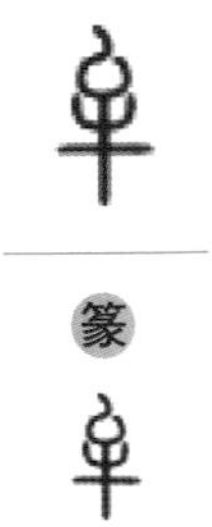

篆

犁 ㄌㄧˊ lí

農地上翻土的犁，結合「牛」字而成。兩小點或三小點，是被翻上來的土塊。可見犁牛是以功能而命名的。

甲

侵 ㄑㄧㄣ qīn

用掃帚和水清洗牛身的樣子，或加「手」，表示打掃的動作。甲骨卜辭假借為「別國來犯」之意。

甲 金 篆

屯 ㄊㄨㄣˊ tún

在甲骨卜辭中，是指一對牛的肩胛骨綑綁在一起，為計算甲骨數量的單位。早期是俯視的形象，中間兩個彎曲的骨臼，被包裹起來。後期作側視形。字形表達的重點，一是聚集、包裹起來，一是阻塞、不能脫逃。

甲 金 篆

牧 ㄇㄨˋ mù

一手拿著牧杖，引導或驅趕牛、羊隻，從事放牧工作。

甲 金

芻 ㄔㄨˊ chú

一手拔起兩把草，餵食牛、馬家畜。小篆則分解字形為兩個相同結構。

甲 金 篆

羊 一ㄤˊ yáng

一隻動物頭上有一對彎曲的角。最上兩道彎曲的筆畫代表兩隻角，斜出的線代表兩隻眼睛，中間的直畫是鼻梁。

甲 金

敦 ㄉㄨㄣ dūn

以「享」與「羊」組合而成。「享」是一座有臺基的建築物形，這種建築物興建費工，是為了享祭神靈而建造。「羊」則是古代奉獻給神靈的重要牲品。這個字的創意，便是來自於供奉於神靈之前的羊肉需要燉煮得很爛。

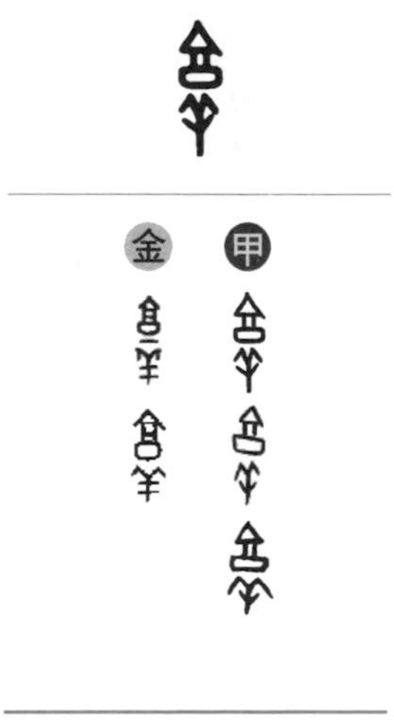

甲 金

羋 ㄇㄧㄝ miē

在「羊」字之上作記號，表達羊鳴叫的聲音。

甲 篆

羞 ㄒㄧㄡ xiū

字形結構是以手抓取羊隻以進獻，表達以手捉羊，準備燒煮的意思。

甲 金 篆

鮮 ㄒㄧㄢ xiān

以「魚」與「羊」組合，兩者都是有腥味的食品，表達「鮮美」的意思。

金 篆

羴 ㄕㄢ shān

表達如入羊群，有羶味的情況。

甲 金 篆

羔 ㄍㄠ gāo

燒烤羊肉，以小羔羊最為美嫩可口，代表「小羊」的意思。

篆

豕 ㄕˇ（豬 ㄓㄨ） shǐ

一隻體態肥胖，短腳而尾巴下垂的動物的側視形狀。這是家豬的一般外觀。

甲

彘 ㄓˋ zhì

一枝箭穿過豬的身體的樣子。這枝箭是獵人所射，代表打獵得到的野生動物。

甲 金

豖 ㄔㄨˋ chù

閹割過的豬種，性器已遭閹割而與身軀分離。體外的一道小小的筆畫，象徵生殖器。

甲

冢 ㄓㄨㄥˇ zhǒng

丟棄的豬骨頭與廢棄物高高堆起，有如墳頭的樣子。

金 篆

家 ㄐㄧㄚ jiā

屋子裡養有一隻或多隻豬，是指一般的平民養豬人家。從金文到小篆的字形，基本上結構都不變。

甲 金

豚 ㄊㄨㄣˊ tún

一隻豬與一塊肉的樣子。豚是小豬，小豬的肉最為細嫩，最為可口。但要等到長大了，肉最多，最具經濟效益的時候才宰殺。除非是重要的時機，平時是不會宰殺小豬來吃的。

甲 金

彑（彐） ㄐㄧˋ jì

豬頭。祭祀時常以豬頭代表全豬。

篆

彖 ㄕˇ shǐ

野豬。字形表現出野豬的頭部特別雄壯的樣子。

篆

彖 ㄊㄨㄢˋ tuàn

從意義為「豕」推測，是野豬低頭怒衝的樣子。野豬頭部占的比例大，字形表現以野豬的頭部為主。

篆

叚 ㄒㄧㄚˊ xiá

「豕」（野豬）的異形字，野豬的頭部特別大，強調頭部（彑），下半是身體的部分。

篆

豭 ㄐㄧㄚ jiā

甲骨文特意把雄豬的性器畫出來，象徵雄豬。後來代以形聲的字形，「從豕叚聲」。

甲

篆

㒸 ㄙㄨㄟˋ suì

從金文字形可知，原先是一隻豬身上被射了一箭，描繪野豬受箭傷而急著逃遁的樣子。後來豬頭上移，變成左右分開的兩道斜畫。

金　篆

喙 ㄏㄨㄟˋ huì

「口」與「野獸」的組合，意指野獸之口。

甲　篆

豙 ㄧˋ yì

「辛」與「豕」組合。表達野豬憤怒的樣子。辛是處罰罪犯的刺紋工具，手持工具閹割野豬使牠馴服。

篆

馬 ㄇㄚˇ mǎ

描繪一匹長臉、長髦奮發、身軀高大的動物。

甲　金

廄 ㄐㄧㄡˋ jiù

在入口狹窄的柵欄中飼養馬匹。本來是牛、馬等大型動物養殖所的通稱，後來成為養馬處所的專稱。

甲　篆　古

馽 ㄓˊ zhí

馬的腳被綑綁起來，或許是因應馬發情時的措施。

篆

馵 ㄓㄨˋ zhù

馬的腳被綑綁起來，不讓牠隨意行動。可能是為了防範馬兒因發情而騷動。

篆

闖 ㄔㄨㄤˇ chuǎng

一匹馬急遽從門內往外闖出的樣子。

篆

驫 ㄅㄧㄠ biāo

很多馬在一起競跑奔騰，有氣勢雄壯之意。金文的排列是上二下一的形式，小篆則改為上一下二的排列形式。

金 篆

驅（敺） ㄑㄩ qū

手拿牧杖在鹿類動物後頭驅趕。金文加上「區」的聲符，省略動物的形象，成為「從攴區聲」的形式。

甲 金 篆 古

犬 ㄑㄩㄢˇ quǎn

狗的側面形象，身材細，尾巴上翹。

甲 金

獸 ㄕㄡˋ shòu

打獵用的網子，以及一隻犬。兩者都是打獵需要的工具，用來表達「狩獵」的意義。後來才擴充其意義至被捕獵的對象——「野獸」。

甲 金

嘼 ㄒㄧㄡˋ xiù

「獸」字的構件。甲骨文表現一把捕捉野獸的田網，與野獸的形象無關。金文、銘文做為「美好」的形容詞，或假借為「畝酋」。

金 篆

臭 ㄔㄡˋ chòu

「犬」與「自」（鼻子）的組合，犬善於嗅覺，做為獵人助手，追蹤獵物的藏匿處。後來假借為「不好的氣味」。至於嗅覺的意義，就加上「口」以分別。

甲 篆

器 ㄑㄧˋ qì

一隻犬與四個「口」組合。當狗遠遠的嗅聞到陌生來者，便以連續的吠聲通知主人。四個「口」，代表連續的吠聲。

金

伏 ㄈㄨˊ fú

一隻狗趴伏在主人腳下的模樣。

金 篆

吠 ㄈㄟˋ fèi

以一「犬」一「口」表達狗的吠叫聲。

篆

狽 ㄅㄟˋ bèi

字形結構像是「從犬貝聲」的形聲字，從甲骨、金文的字形看，原是一隻犬的尾部有一叢肥大的毛，後來尾部被類化為「貝」字。

甲 金

猋 ㄅㄧㄠ biāo

狗群爭先恐後追逐獵物的樣子。

篆

犮 ㄅㄛˊ bó

以一斜畫代表狗兒的腳受傷，以致走起路來搖晃不穩定的情狀。

篆

獄 ㄩˋ yù

兩犬相對吠叫不停的樣子，有如打官司的兩造相互爭論不休。

金

篆

突 ㄊㄨˊ tú

表現狗兒從牆洞出入的情況。字形像是狗兒突然從洞口竄出屋外的景象，小點是激起的灰塵。小篆誤以洞口為洞穴而訛化。

甲

篆

戾 ㄌㄧˋ lì

狗兒從門下的空間鑽出來，身體彎曲的樣子。

篆

狄 ㄉㄧˊ dí

甲骨文「從犬從大」，代表大型狗。金文把「大」寫成「火」，後來成為古代民族名，如「赤狄」、「白狄」等。

甲 金 篆

狊 ㄐㄩˊ jú

狗的眼睛，代表狗在看東西的神態。

篆

尨 ㄇㄤˊ máng

一隻狗的身上有豐盛的長毛。

甲 篆

肰 ㄖㄢˊ rán

字形由「犬」與「肉」組合，是「狗肉」的意思。推測古代狗肉常用燒烤的方式處理，後來便創造出「然（燃）」字。

金 古 篆

猒 ㄧㄢˋ

yàn

金文的字形明顯分為三部分，「犬」、「口」與「肉」。表達以口吃肉塊，加上「犬」，表示狗吃肉才能飽足的意思。

金

篆

5 打獵方式

今 ㄐㄧㄣ jīn

抽象的三角形，加上一畫，借以表示「現在」的時態。

甲 金 篆

禽 ㄑㄧㄣˊ qín

一把長柄的田網，用來捕捉禽獸，所以有「擒捕」、「擒獲」的意義。金文加上「今」的聲符。後來引申為被捕捉的對象。

甲 金 篆

悉 ㄒㄧ xī

「心」與「釆」的組合。「釆」是鳥獸的足跡，表達智慧足以辨別不同鳥獸的足跡，是獵人必要的技能。

篆 古

釆 ㄅㄧㄢˋ biàn

動物的足跡印在地上，要能加以分辨，所以有「辨別」的意義。

篆 古

番 ㄈㄢ fān

動物的足跡，前為多個腳趾，後為腳跟。後來被借用形容外國的事物。

篆 番 㸌 古 𢆉

宷 ㄘㄞˇ（審 ㄕㄣˇ） cǎi

屋內有野獸的腳印，從足跡可以判斷是何種動物竄入屋內，有「審查」的意義。

篆 宷 審

畢 ㄅㄧˋ bì

田與田網的組合。表示田獵使用的長柄田網。

金 篆

華 ㄅㄢ bān

分析自金文的「畢」及「糞」字。「畢」字，是有柄的網子，是從事田獵、活捕野獸的工具。「糞」字，是有長柄的掃除工具。

篆

單 ㄉㄢ dān

一把附有網子的打獵工具，前端有鈍頭的分叉，應是為了活捉野獸，但不想破壞美麗的毛皮，或想藉以育種。後來被借用表達「單數」。

甲 金 篆

逐 ㄓㄨˊ zhú

在捕獵的動物後頭，有追趕的腳步。逐，是商代捕獵的重要方法。

甲 金 篆

网（網）ㄨㄤˇ wǎng

各式各樣捕捉鳥獸的網子。金文字形大為簡省，小篆又恢復網子的形狀，或加上音符「亡」，意符「糸」。

甲 金 籀 篆

凵 ㄎㄢˇ kǎn

為許多字的共同構件，是一個「坑陷」的形象。

篆

阱 ㄐㄧㄥˇ jǐng

甲骨文是一隻鹿陷入不同形式的坑陷的樣子，是狩獵的方式之一。後來代以從阜、從穴、從水，井聲的形聲字。

甲 篆 古

臽 ㄒㄧㄢˋ xiàn

一個人掉入坑陷中的樣子，後來加上小點代表灰塵。

甲 金

篆

燹（豩）ㄅㄧㄣ bīn

以火追逐多隻野獸使牠們離開巢穴，為捕獵的一法。「豩」是自「燹」析出的字。

金　篆

爰 ㄩㄢˊ yuán

一手拿著一根直棍，伸給另一隻手，是援救他人的動作。

甲　金　篆

丞 ㄔㄥˊ chéng

甲骨文有兩種字形，一是兩隻手要拉起陷在深坑中的人，一是兩隻手由下向上推舉一人的樣子。從甲骨的字形看，「丞」的中心意義是「拯救」，轉而有「輔助」的意思。到了小篆，字形訛變，跪坐的人，下面多了像「山」的字形，所以《說文》才解釋為「山高奉承」的意思。

甲　金　篆

承 ㄔㄥˊ chéng

小篆的字形，跪坐的人下面多出一隻手，強調多人往上推舉的力道，應是「丞」字的繁複字體。

篆

𠯑 ㄍㄨㄚ guā

從金文的字形看，不像是與「氒」（厥）有關，「口」在早期文字經常表達嘴巴、容器與坑陷。《說文》的意義是「塞口」，很可能和用來捕捉野獸的坑陷有關。

金

古

篆

二

戰爭、刑罰、政府

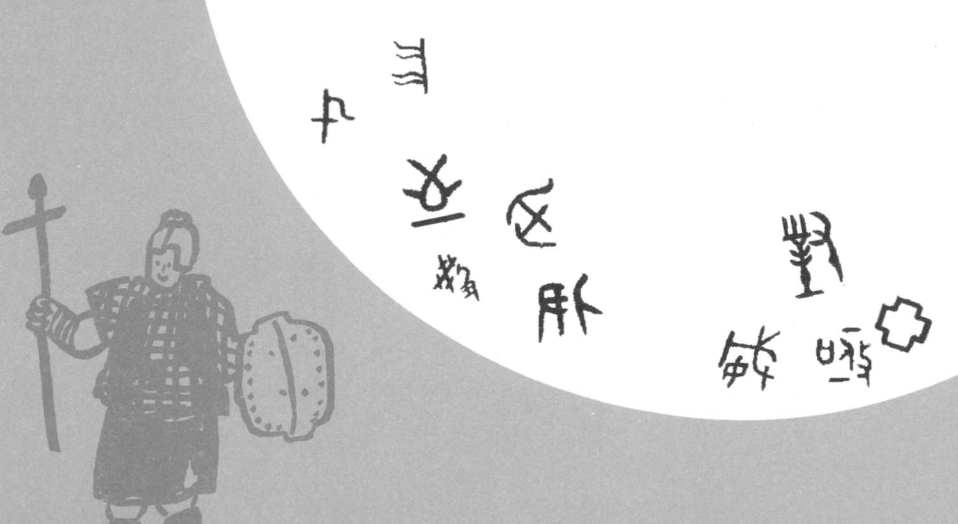

1 原始武器

父 ㄈㄨˋ fù

手拿著石斧的樣子。石斧是古代男子工作的主要工具，砍樹、鋤地等重要的工作都需要使用它。

甲 金

斤 ㄐㄧㄣ jīn

一種在木柄上綑縛石頭或銅、鐵質材的伐木工具，可以使用雙手砍伐樹木，也可以用來挖掘坑阱、翻耕田地等等。

甲 金

兵 ㄅㄧㄥ bīng

雙手拿著一把裝有木柄的石斧形狀（斤）。在古代，工具常做為武器使用。

甲 金

2 戰鬥用武器

戈 ㄍㄜ gē

一把在木柄上裝有尖銳長刃的武器，模樣可能取自農具的鐮刀。銅戈是針對人類弱點所打造的新武器，是戰爭升級、國家興起的象徵。

甲

戔 ㄐㄧㄢ jiān

兩把兵戈相對交鋒的樣子，目的在殺害對方，所以有「傷害」的意義。為了文字的規整，後來變成兩戈同方向，就失去原本的創意了。

甲 金 篆

戟 ㄐㄧˇ jǐ

這是戰國時期的武器，可能表達戈有歧出的勾狀。

篆

伐 ㄈㄚˊ fá

拿戈砍擊一個人頸部的樣子。

甲 金

戍 ㄕㄨˋ shù

「人」與「戈」字的組合，是一個人以肩膀擔荷著兵戈、守衛疆土的樣子，有「戍守邊疆」的意義。

甲

戒 ㄐㄧㄝˋ jiè

雙手緊握著一把「戈」，表現出警戒的備戰狀態，所以有「戒備」的意義。

甲

戠 ㄓˊ zhí（識 ㄕˋ）

由「戈」字與三角形組成，代表以兵戈砍斫某個物件後，留下了一個三角形標記，做為識別，延伸為表達「識別」、「辨識」。

甲 金

馘 ㄍㄨㄛˊ guó

一把兵戈和繩索懸吊著眼睛的組合。古文字常以眼睛代表頭部，表現敵人的頭顱被懸掛在兵戈上的樣子，是殺敵的成果展現。

甲 金

取 ㄑㄩˇ qǔ

耳朵被拿在手中的樣子。軍人殺死敵人之後，為了領賞，會割下敵人的左耳。

甲

最 ㄗㄨㄟˋ zuì

「冃」與「取」的組合，表現用手摘取帽下的耳朵，以便做為殺敵的證據而領賞，是兵士參與戰鬥的最終目的。

篆

戛 ㄐㄧㄚˊ jiá

為了展示殺敵的成果，把一顆頭懸掛在兵戈上的樣子。

篆

截（截） ㄐㄧㄝˊ jié

「雀」與「戈」的組合，使用戈切斷一隻雀的意思。

篆

殳 ㄕㄨ shū

甲骨文是一手拿著一把鈍頭的工具或武器。是很多字形當中常見的構件，代表各種工具。有的是樂器的打擊棒（ ）、醫療的器具（ ），或取食的長柄器具（ ）。

甲 金 篆

或 ㄏㄨㄛˋ huò

「或」的本義等同「國」，甲骨文的結構是「戈」與「口」的組合，創意應是挖有深坑並有武力防備的地域。金文把「口」改為「囗」（圍），又在周圍加上短線，變為以兵戈保衛具有一定範圍的城邑。

甲 金 篆

臧 ㄗㄤ zāng

一隻豎立的眼睛，被兵戈刺傷的形象。刺傷罪犯的一隻眼睛，使其更順從主人旨意。這個字有「臣僕」和「良善」兩種意義。

甲

矛 ㄇㄠˊ máo

甲骨文沒有「矛」字，來源可能是「楙（ㄇㄠˋ）」字中間的矛構件，木柄筆直，前端是刺人的尖銳物，柄旁的圈，可繫綁長繩索用來投擲。

甲 篆

矞 ㄩˋ yù

一支矛的全形，最上是矛尖端，接著是可以穿過繩索的圈，接著是可插入土中的鐓。「口」則只是無意義的填空。

金 篆

弓 ㄍㄨㄥ gōng

甲骨文字形的「弓」為或有弦線，或還沒掛上弦線時的形象。弓箭的發明，使人們不必接近野獸仍可獵傷牠們，避免許多危險。

甲 金

射 ㄕㄜˋ shè

甲骨文是一支箭停放在弓弦上，即將射出的樣子。

甲 金

弘 ㄏㄨㄥˊ hóng

是指弓的下方一個勾起的裝置，可掛住弓弦，加強發射的力道，用來形容盛壯、宏大的抽象意義。

甲 金

引 ㄧㄣˇ yǐn

可能是為了與弓字有所分別，特意讓弦線與弓體分離，來表現把弦拉開弓體的動作。

篆

弜 ㄐㄧㄤˋ jiàng

以兩層弓體表現複體弓，提高弓的反彈力而增加殺傷力。甲骨字形也假借為否定副詞。

甲 金 篆

弭 ㄇㄧˇ mǐ

弓的角質裝飾，在弓的兩旁，像人的兩耳。

金 篆

觲 ㄒㄧㄥ xīng

「牛」與「羊」的組合，在古代，這兩種動物的角可以液化成膠，塗刷在弓體上以增強弓的反彈力。小篆字形增加「角」字，使得利用角的作用明顯，而成為形聲字。

甲 金 篆

強 ㄑㄧㄤˊ qiáng

甲骨文中可見，弓弦拉張得好像「口」的形狀，才是強勁有力的弓。「口」字後來在快速書寫下變成了「厶」，但會與「弘」字混淆，就加上一個「虫」，成了形聲字。

甲 金

彈 ㄉㄢˋ dàn

一塊小石塊在張著的弓弦上等待發射的樣子。

甲

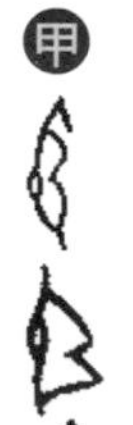

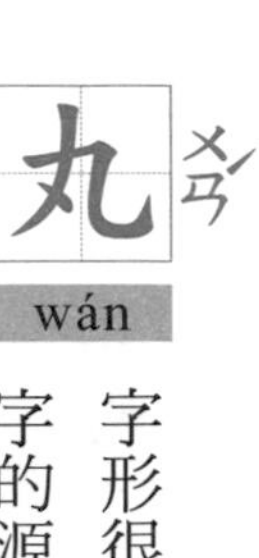

丸 ㄨㄢˊ wán

字形很難看出具有圓形丸子的形象，但從小篆可以推測字的源頭是甲骨文的「彈」字，弓上待射的物體是一顆圓形的彈丸。

甲　篆

㚔（弢） ㄊㄠ tāo

拉弓時手套扳指，箭才不致滑動，「㚔」是手套扳指的樣子。

篆

夬 ㄍㄨㄞˋ guài

一隻手的拇指上，套有一件幫助拉開弦線的扳指形。

篆

矢 ㄕˇ shǐ

一支箭的形狀。箭的尖銳前端，用來殺傷目標，末端嵌有羽毛，作用是穩定飛行。

甲　金

短 ㄉㄨㄢˇ duǎn

以「矢」與「豆」組合，代表箭的長度只有豆容器的高度而已。弩機上所使用的箭，大大短於一般弓箭的長度，用以表達「短」的抽象概念。

篆

至 ㄓˋ zhì

將字形轉九十度來看，是一隻箭射到目標上，所以有「到達」的意義。

甲 金 篆 古

齊 ㄑㄧˊ qí

幾個箭鏃的形狀。一支箭由鏃、桿、羽三部件組成，三者各要一樣的長度和重量，才能使飛行的軌道一致，後來就取其為「齊平」、「齊整」的意義。

甲 金

葡 ㄅㄟˋ bèi（備）

一或兩支箭安放在開放式的箭架上的樣子，可立即抽出箭來發射，有「隨時備戰」的意思，所以發展成預備、準備的「備」。

甲 金

马 ㄏㄢˋ hàn（函 ㄏㄢˊ）

由「函」字分解而來，「函」字是一個有封口的裝箭的皮袋形。箭袋之外的圈子，可以穿過皮帶繫在腰上，把箭完全包含在其中，所以才引申有「包函」、「信函」的意義。《說文》解釋「函」為舌頭，「马」為花朵未綻放的樣子，都是錯誤的。

甲 金 篆

侯 ㄏㄡˊ hóu

將甲骨文橫著看，是箭插在箭靶上的樣子。射靶與侯爵有雙關含意：不來朝廷向王致敬，就將你當成靶豎立起來射擊。

甲 金

盾 ㄉㄨㄣˋ dùn

金文開始出現「盾」字，一個構件是眼睛，另一個是盾牌的側面形象。但盾牌用來保護全身，不只眼睛，大概眼睛比較具體，所以選用眼睛代表。

金 篆

瞂 ㄈㄚ fā

一個人一手拿盾牌，一手拿短戈的戰鬥裝備。人形後來可能訛變成「犮」，而解釋為「從盾犮聲」。

甲 金 篆

兜 ㄉㄡ dōu

一個人的頭上戴著有保護作用的頭盔。

篆

憲 ㄒㄧㄢˋ xiàn

字形中的眼睛代表頭部，表現頭戴高崇的盔冑。盔冑是貴族或高級武士才有的服裝，他們是社會的賢達、制定法律者，所以有「明憲」、「憲法」的意義。

金 篆

3 儀仗用武器

戉 ㄩㄝˋ yuè

一把有柄寬弧刃的重兵器形，以重量為打擊重點的工具，主要施用於處刑，因此發展成為權威的象徵。

甲 金

戚 ㄑㄧ qī

窄長平刃形的有柄武器，刃部的雙胡上有並列的三個突牙為一組的裝飾，主要的功能可能是跳舞的道具。

甲

戊 ㄨˋ wù

直柄上綑綁了一件橫置的器物形，但刃部多了一個短畫，表示前端的刃部並不是尖銳的。「戊」的攻擊的方向只有直擊，不宜做為戰鬥的利器，主要是做為儀仗使用。

甲

戌 ㄒㄩ xū

一種直柄的武器，刃部有相當寬度，使用方式為直下砍殺，攻擊面大，必須使用厚重的材料製作。主要是做為執行刑罰的武器，也是司法權的象徵。

甲 金

我 ㄨㄛˇ wǒ

一種直柄的武器，前端是三個分叉形狀。這種武器的殺敵效果更差，所以是做為儀仗使用的。

甲 金

義 ㄧˋ yì

在「我」形武器的柄端，以羽毛一類的東西裝飾，是禮儀所需的用具，不是實用的武器。在金文字形中，裝飾的物件逐漸類化成為「羊」字。有「人工」的引申意義，如「義足」。

甲 金

咸 ㄒㄧㄢˊ xián

由「戌」與「口」組合的表意字，創意可能來自儀仗隊成員訓練有素，喊出整齊劃一的言語，所以才有「皆」、「全部」的抽象意義。

甲 金

成 ㄔㄥˊ chéng

在甲骨卜辭的意義，是做為開國之王成湯的名字。與「咸」字字形相似。為「從戌丁聲」的形聲字。

甲

歲 ㄙㄨㄟˋ suì

類似「戌」和「戊」的武器形，在刃部中間多了兩個小點，表現刃部彎曲得厲害，是一種儀仗。後來加上「步」，表示歲星每年運行天空的十二分之一，成為現在的「歲」。在古代，歲星（木星）被認為是軍事行動的徵兆。

甲 金

威 ㄨㄟ wēi

字形以「戌」與「女」組合，戌形兵器大都用於儀仗，表現婦女手持儀仗的形象，代表非常有威儀的掌權者。

金 篆

章 ㄓㄤ zhāng

從金文字形看，最早的是，表現儀仗隊伍前導的儀仗形象。儀仗是表現某人身分的標識，引申有「彰顯」的意義。

金

篆

竷 ㄎㄢˇ kǎn

由「章」字與三隻不同方向的腳組合而成。「章」是儀仗的形象，表達眾人（足）拿著道具，隨著音樂而舞蹈的意思。

篆

4 防護裝備

干 ㄍㄢ gān

頂端有格架敵人攻擊及殺敵的矛尖，中間的「回」字形，代表防身的盾牌，下面是長柄。原是防禦兼攻擊性的裝備，引申為「干犯」的意思。

甲

金

戰 ㄍㄢ gān

甲骨文字形是一把兵戈上附有盾牌的形象。這是以防備為主的盾牌，前端加上戈，兼有攻擊作用的武器。小篆所從的「旱」聲，有可能是盾牌的訛寫。

甲 篆

胄 ㄓㄡˋ zhòu

保護頭部避免受到對方攻擊的帽子稱為「胄」。金文字形，最下面是一隻眼睛，代表頭部，上面是頭盔以及一支管，可以插上羽毛，容易讓部下看到並下達指揮。

甲

卒 ㄗㄨˊ zú

由很多小塊的甲片縫合起來的衣服。在西周以前，卒是指穿戴甲胄的高級軍官，當甲胄成為士兵的普遍裝備後，「卒」就用來稱呼普通士兵。其後，地位變得更低下，成為罪犯了。

甲 金

介 ㄐㄧㄝˋ jiè

由許多鱗片般的小甲片聯綴而成的護身裝備，將穿戴者的身體包裹起來，所以「介」字有「介甲」、「纖介」等與小物件有關的意義。

甲

戎 ㄖㄨㄥˊ róng

「戈」與「甲」的組合。「戈」是攻敵的武器，「甲」是穿在身上的防護裝備，兩者組合起來，表達軍事的意義。

甲

5 軍事技能養成

學 ㄒㄩㄝˊ xué

甲骨文有幾個不同的構件：以雙手捧物、房屋的外觀、小孩子的形象，及相似於「爻」的字形。「爻」，表現多層綑綁的繩結，是古人面對大自然最基本的生活技能之一。

甲

金

樊 ㄈㄢˊ fán

使用雙手，將一根根的木樁，用繩子綑綁起來成為籬笆。「爻」，是繩子打結、多重交叉的形象。

金

教 ㄐㄧㄠ jiāo

「爻」與「攴」的組合，再加上「子」的構件，表示用威嚇方式教導男孩子，學習綑綁繩結的技巧。

甲 金

誖 ㄅㄟˋ bèi

盾牌一正與一反相向的形象，這種武器可以攻擊或防禦，如果將盾牌相向，則有互相傷害的可能。在慌亂中列隊，會相互撞擊並傷害到自己人，而有「違背」的引申義。

甲 金 籀

立 ㄌㄧˋ lì

一個大人站立在地面的樣子（在物件之下的一橫，常用來表示地面），有「站立」、「立定」、「建立」等相關的意義。

甲 金

並 ㄅㄧㄥˋ bìng

兩個「立」字並排。兩個大人相鄰，站立在同一地面的樣子，有「並列站立」的意義。

甲 金

替 ㄊㄧˋ tì

甲骨文字形，一個人站立的位置，比另一個人站立的位置稍微偏低，如同排隊不整齊而破壞了隊伍整體的形象，引申出「廢除」之意。金文則是兩人並立一個陷阱裡，張嘴呼叫的樣子。

甲

金

臬 ㄋㄧㄝˋ niè

一個鼻子掛在樹上，是練習射箭的靶，可能是以罪犯的鼻子做為習射目標。

甲

篆

虔 ㄑㄧㄢˊ qián

一個正立的人，頭戴老虎裝飾的帽子，是武士威風凜凜的形象。「虔」字不從「文」聲，「文」可能是「大」的錯寫。

篆

鬥 ㄉㄡˋ dòu

兩個人徒手扭打的形象。打鬥是一種有效的體能訓練，也容易發展成娛樂的競技活動，如角力一類的項目。

甲

甹 ㄆㄧㄥ pīng

一個人背負著一個籃筐的樣子。演化到金文時，增為兩個籃筐。一個有力氣的人以背負的方式搬運重物，借以表達有能力的人。《說文》解釋為輕財的俠士。

甲 金 篆

皕 ㄅㄧˋ bì（奭 ㄕˋ）

是從「奭」字分解出來的字。「奭」字表現一個人強壯有力，力氣足以挑起兩桶水，如同「堯」表現一個人可以搬得動很多土塊。

篆 古

6 軍事行動

正 ㄓㄥˋ zhèng

這個字的甲骨文意義有兩種，一是「正確、合適的」，一是「征伐他國」。字形是一個腳步前往要征伐的城邑。

甲 金 篆 古

乏 ㄈㄚˊ fá

將「正」字的最上筆畫寫得歪斜，表達「正」的相反意義「匱乏」。

金 篆

爭 ㄓㄥ zhēng

兩隻手（或兩個人）相爭要取得一物，手拉著東西拉得變彎的，有「相爭」的意義。

甲 金 篆

古 ㄍㄨˇ gǔ

「古時候」是一種抽象的意義，肯定要借用別的字。甲骨文的字形，一形是「口」上一直線，一形是「口」上一個菱形圈，創意可能和「故」字有關，表達有事故時要通知眾人的敲打器。古文從「石」，也可旁証其為磬一類，做為警告的器具。

甲 金 篆 古

師 ㄕ shī

以「𠂤」與「帀」組合，「𠂤」是土堆的形象，「帀」是軍隊駐在處所立的標幟。選擇在山丘上駐軍，地勢高、利於偵查，用來表達人數眾多的軍隊。

金　篆

帀 ㄗㄚ zā

「師」字以此為構件。字形是懸吊物形，代表軍隊在露營時懸掛的旗幟。

甲　金　篆

𠂤 ㄉㄨㄟ duī

從字源「遣」字觀察，「𠂤」表現兩塊相疊的土塊。

甲　金　篆

中 ㄓㄨㄥ zhōng

在一個範圍的中心處，豎立一支旗杆。聚落的官長，要對居民宣告事情時，就會升起不同顏色、形狀、數量的旗幟，讓遠地的居民可以了解宣告的內容。

甲　金

族 ㄗㄨˊ zú

在旗游飄揚的旗桿下，有一或兩支箭。箭是軍隊必備的殺敵裝備，「族」表達在同一支旗幟之下，小單位的戰鬥組織。

甲　金

旅 ㄌㄩˇ lǚ

二人（代表多人）聚集在同一支旗幟之下的樣子。相對於「族」，「旅」是有萬人成員的大組織。

甲　金

游 ㄧㄡˊ yóu

甲骨文是一個男孩和一支旗子的組合，創意可能是孩子拿玩具旗玩遊戲，假借「斿ㄧㄡˊ」字稱呼旗子上的飄帶。因飄帶波動如水，就加「水」而成「游」字。

甲　金

㫃 ㄧㄢˇ yǎn

一支有「游」的旗子形，代表部隊的標幟，後來旗子的類別多了，「㫃」就成為有關旗子的意義符號，而以聲符分別各類的旗子。

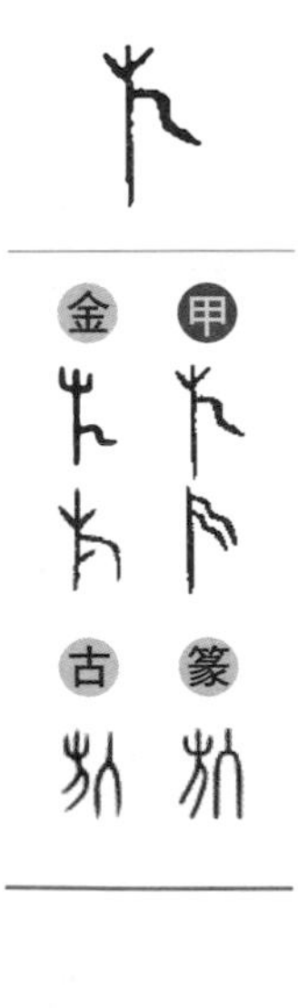

甲　金　篆　古

旋 ㄒㄩㄢˊ xuán

一面旗子與一個腳步，或旗子與征伐的組合，表達軍隊前往征伐某個地方，以旌旗前導。旌旗所指的方向即是前進的目標，所以有「周旋」的意義。

甲 金 篆

卂 ㄒㄩㄣˋ xùn

表現疾風吹得旗桿上的「游」飄搖不已。

金 篆

衛 ㄨㄟˋ wèi

一處十字路有一個腳步以及一張犁，意義為「保衛」、「宿衛」，與戰爭有關。

甲 金 篆

贊 ㄗㄢˋ zàn

表達兩官員（兟）相見，以貝（財物）為禮物，相互贈送。

篆

付 ㄈㄨˋ fù

一隻手指彎曲的手，從後面抓扭一人的背部，表達「向前」的行動。

金 篆

及 ㄐㄧˊ jí

一隻手從背後捉住一個人的下半身，是「追及」的意義。

甲 金 篆 古

烕（滅）ㄇㄧㄝˋ miè

軍隊於行旅中燒煮食物，有滅火的需要，字形表現出以銅戈滅火，既安全又不燙手。後來加上「水」，是一般人滅火的方式。

篆

譶 ㄊㄚˋ tà

「言」是長管樂器的形象，多管喇叭齊鳴以告急求援，表示事態緊急。

篆

亞 ㄧㄚˋ yà

甲骨文的「亞」是被任命為總領軍時的職稱，或說是表現王的墓道形，或建築地基形。

甲 金 篆

劫 ㄐㄧㄝˊ jié

以「力」會意，是「以強力去除」的意思。

篆

臱（邊） ㄅㄧㄢ biān

一個鼻子在一個平臺上，可能是邊境地區處罰展示犯罪的方式，所以有「邊疆」、「邊陲」的意義。先是增加「方」字，補足邊遠方國的意義；再加「辵」，表示是要走很久、很遠的地方。

甲 金 篆

封 ㄈㄥ fēng

是「丰」的衍生字，手拿一棵在邊疆種植的樹形，準備種植，以確定疆界的位置。

金 古 篆 籀

邦 ㄅㄤ bāng

在田地上種有封邦之樹，表示是邦人所居住的地方。對照古文的字形，可知後來演變為形聲字，「從邑丰聲」。

甲 篆 金 古

丰 ㄈㄥ fēng

從「封」字可以得知，「丰」是標示邊疆界線的丰樹形，還包著土，不見根，是未種植入土前的形象。

甲 金 篆

7 掠奪

羌 ㄑㄧㄤ qiāng

「羌」是經常與中國為敵的西北遊牧民族，可能以像羊角的特殊帽子形式代表。為商代祭祀的人牲的主要來源。後來字形上套上繩索，使「俘虜」的意義更清楚。到了金文，頭飾類化成「羊」字。

甲 金 篆 古

孚 ㄈㄨˊ fú

一隻手捉著一個小孩的頭，意指捕擄小孩為奴隸。小孩比較容易被洗腦而對主人效忠，「孚」字便引申有誠信的意思。

甲 金

妥 ㄊㄨㄛˇ tuǒ

以一隻手壓制一名女性的樣子，有「壓制」的意思。

甲 金

奚 ㄒㄧ xī

一個成年人的頭被繩索綑綁住，被掌握在手裡的樣子。只要捉緊繩子，罪犯就會呼吸困難而難於抵抗。

甲 金

對 ㄉㄨㄟˋ duì

一手拿著一把上頭有很多鉤釘的架子。釘子用來掛敵人的耳朵，這是回答上官斬獲人數的動作，有「回應」的意義。

甲 金 篆

業 ㄧㄝˋ yè

有多個掛鉤的木架形狀，可懸吊多件物品。常用來懸掛敵人的耳朵。

金 篆 古

丵 ㄓㄨㄛˊ zhuó

從「業」、「對」、「叢」幾字的字形看，是一種展示殺馘的架子，上頭掛滿耳朵與頭，以展示殺敵的戰果。

篆

叢 ㄘㄨㄥˊ cóng

表現從敵軍割下的耳朵，聚集掛在架子上的樣子，所以有「叢聚」的意思。

篆

印 一ㄣˋ yì

以手壓制另一個人，即後來的「抑」字。因壓制人與押印動作同，引申為「印章」的意義。

抑 一ㄣˋ yìn

《說文》字形為「印」的反向，古文字常正反向不分，「印」是後出的字。

執 ㄓˊ zhí

罪犯雙手接受刑具的樣子，有時頭與手也被械梏在一起。金文字形中，已經沒有頭也被梏住的字形了，而且雙手也脫離了刑具。

㚔 ㄋㄧㄝˋ niè

銬手的刑具，用來處罰和警誡罪犯。

幸 ㄒㄧㄥˋ xìng

從字形看，應是刑具演化而來，表示雖犯罪而受刑具，但幸而免於死罪的意思。

㪘 ㄊㄚˋ tà

（撻）

鞭打被上了梏刑的犯人。

睪 一ˋ yì

眼睛與刑具的組合，眼睛代表頭，表示頭被套上刑具的犯人。

篆

𡰥 ㄉㄧㄝˊ dié

限制腳行動的刑具，後來改變為「從足執聲」的形聲字。

甲 篆

摯 ㄓˋ zhì

一手捉住一個已經銬上刑具的罪犯。

甲 篆

圉 ㄩˇ yǔ

雙手被刑具械梏的囚犯，也或者是牢獄裡有一件刑具的樣子。

甲 金

亟 ㄐㄧˊ jí

一個站立的人，頭部碰到頂端，可能是指在監獄或礦坑內高度受到限制的境地。這是對待俘虜的懲戒，所以金文就加上訊問的「口」與打擊的「攴」。字形表達的重點是「限度」、「約束」。

甲 金 篆

囚 ㄑㄧㄡˊ qiú

後期的表意字，一個人被囚禁於牢中的樣子。

篆

報 ㄅㄠˋ bào

以一隻手壓制雙手被刑具鎖住、跪坐的人犯，向上級報告罪犯已經抓到了。

甲 金

盩 ㄓㄡ zhōu

由三個構件組合，左上是刑具，右上是一隻手拿著棍子（攴），下部是器皿，表達用棍棒打擊罪犯以致於流血，而用器皿承接的意思。承接起來的血可以祭神。

金

訊 ㄒㄩㄣˋ xùn

一個人的雙手被綁在身後，張口在訊問的樣子，所以有「問訊」的意義。

甲 金

敬 ㄐㄧㄥˋ jìng

以棍棒從身後敲打，並以嘴巴訊問刑犯的樣子。本來可能是針對貴族違犯者的一種警誡，後來假借為「尊敬」、「禮遇」的意思。

金

8 刑罰與法制

臣 ㄔㄣˊ chén

一隻豎起的眼睛形，表達處在低處的下級人員，要抬頭才能見到位在高處的管理者，用來指罪犯以及低級官吏。

甲 金

賢 ㄒㄧㄢˊ xián

臤，「賢」的原始字形。擁有控制奴隸的才能，可以組織和控制大量的人力去從事一件工作。

甲

宦 ㄏㄨㄢˋ huàn

一個人的眼睛被關在有屋頂的牢獄中。當一個罪犯願意和管理層級的人合作，幫忙監視其他人犯時，就值得提拔充當為小吏。

甲

金

嚚 ㄧㄣˊ yín

臣的四周有五個圓圈。下人們常發牢騷，埋怨待遇不善，有如四張口發出吵雜的聲音令主人不悅，所以有「愚頑」、「喜好爭吵」等意義。

甲 篆

囂 ㄒㄧㄠ xiāo

「頁」的周圍有四個「口」。在古文字，「頁」代表貴族的形象。貴族在指揮下屬時，聲調經常高而且急，有如眾口喧嚷，所以用來表示「喧囂」。

金

妾 ㄑㄧㄝˋ qiè

跪坐的婦女，頭上有個三角形的記號，有可能代表髮型，表示地位低下的婦女。

甲 金

奴 ㄋㄨˊ nú

一名女性的旁邊有一隻手，表示受到他人控制的婦女。

甲 金

罰 ㄈㄚˊ fá

由網子、刀和長管喇叭的象形所組成。喇叭是象徵言論的意義符號，刀是傷人的利器，網子是捕捉野獸的工具。表示以刀或以語言傷人，都要接受被捕捉的處罰。

金

民 ㄇㄧㄣˊ mín

一隻眼睛被尖針刺傷的樣子。被針刺傷，就看不清楚東西，是對付罪犯的刑罰。「民」，本來是指犯罪的人，後來才轉為稱呼被統轄的平民大眾。

甲 金

童 ㄊㄨㄥˊ tóng

眼睛被一支尖針刺傷的字形，加上聲符「東」。使用尖針刺傷眼睛，是對付男性奴僕的刑罰，有「男僕」的意義。後來加上「人」的意符，成為「僮」的形聲字，與「兒童」的意義加以區別。

金 篆

眢 ㄩㄢ（怨 ㄩㄢˋ）yuān

由一隻眼睛和一把挖眼睛的工具組成，是挖掉一隻眼睛的刑罰。而一個人受刑後，心中不免有所怨恨，所以有了「怨」這個字。

甲

黑 ㄏㄟ hēi

一個人頭部或臉上刺有字跡的樣子。用針尖在臉上刺花紋，並在花紋上塗上黑色的顏料，使其永遠存在的犯罪標記，古代稱為墨刑。

金

宰 ㄗㄞˇ zǎi

房屋裡有一把刺刻花紋工具，表示屋中有人掌握著處罰他人的權威，所以引申出「宰殺」、「宰制」等意義。

甲 金

椉 ㄔㄥˊ（乘）chéng

一個人正面高高站在樹上，所以有「在上位」的意義。到了金文，補足加上兩腳的腳趾形象。

甲 金 篆 古

桀 ㄐㄧㄝˊ jié

兩隻腳被倒吊在樹上的樣子，是桀頑不馴之人的下場。

篆

聅 ㄔㄜˋ chè

以「矢」與「耳」組合，表達以箭貫穿耳朵的刑罰。

篆

馗 ㄎㄨㄟˊ kuí

高懸的斷首。交通要道出入人多，是懸首儆戒眾人的理想地方。以此引申為「大道」。

篆

衋 ㄒㄧˋ xì

金文的結構是「聿」（手拿毛筆）、兩個「自」（鼻子）與「皿」的組合，推論是將要使用刺針施行在鼻子上刺字的刑法，後引申為「傷痛之感」。

金

篆

辠 ㄗㄨㄟˋ zuì

一支刺刻花紋的工具及鼻子組成，表示在鼻子上方的額頭處刻紋，只有犯罪的人才會被執法者在臉上刺紋。

金

僕 ㄆㄨˊ pú

身穿僕人的服裝，頭上有罪犯的象徵，雙手捧著一個竹編的籃筐在傾倒垃圾。低賤的工作原是罪犯從事的，後來才慢慢演變成貧窮者的工作。

甲 金

菐 ㄆㄨˊ pú

從「僕」分解出來的字。「僕」表現奴僕在從事傾倒垃圾一類的低級工作，「菐」是雙手拿清掃的工具在工作的樣子。

甲 金 篆 古

卑 ㄅㄟ bēi

手拿著一個前導儀仗牌，這是地位低賤者的工作。

甲 金 篆

斯 ㄙ sī

由「其」與「斤」組合，簸箕與斧斤都是勞動者使用的工具。可能是「廝」的字源。

篆

尾 ㄨㄟˇ wěi

一個人身後有尾巴的模樣。人是沒有尾巴的，所以可能是僕人的特殊服裝，或借用來表達動物的尾巴。

甲 金 篆

劓 ㄧˋ yì

一把刀和已被割下來的鼻子。金文的字形在鼻子下面加一個樹木的符號，表達把切割下來的鼻子高高掛在樹上，警告其他人不要違犯法令。

甲 金

刖 ㄩㄝˋ yuè

一隻手拿著鋸子一類的工具，正在鋸掉一個人的腳脛。

甲

尢 ㄨㄤ wāng

從「刖」字得知，這個人受過鋸下小腿的刖刑，雙腿不等長。

金 篆

跀 ㄩㄝˋ yuè （踂）

「兀」字從「刖」字分解出來，是受刑後一長一短的腿。大概是不好辨認，於是加「足」成「跀」，改為形聲字。

篆

縣 ㄒㄧㄢˋ xiàn

一棵樹上懸掛著一個用繩索綁著的人頭的樣子，就是現在的「懸」。城門來往人最多，最有梟首示眾的效果，或許這是「縣」字成為司法判決的最小單位的原因。

金

県 ㄐㄧㄠ jiāo

是從「縣」字分解出來的字，表現身子被倒懸以致頭上髮下，是古代刑罰之一。

篆

刵 ㄦˋ èr

小篆是「刀」與「耳」組合，表達以刀割耳的殺敵證據。

篆

剠（黥） ㄑㄧㄥˊ qíng

小篆有「黑」與「刀」的組合，表現使用刺刀在臉上刺紋的刑罰。「黥」是後來的形聲字，「從黑京聲」。

篆

䜌 ㄊㄨㄢˊ tuán （剸）

「斷」、「首」的組合，表達「斷首刑罰」的意義。筆畫太多，改為「從刀專聲」的形聲字。

篆

便 ㄅㄧㄢˋ biàn

金文的字形是手拿鞭子，鞭打某人背部的景象。引申為「便利」的意義，推測是因為服從鞭刑可減免更嚴厲的刑責而來的引申意義。

金 篆

赦 ㄕㄜˋ shè

一隻手拿著鞭子鞭打一個人，以致流血（大字兩旁的小點），做為赦罪的替代。

金

敖 ㄠˊ áo

「出」、「放」的組合，表達流放外地的處罰，不是一般的出遊。

篆

9 政府的管理者

攸 ㄧㄡ yōu

一手拿著棍棒，打擊某人的背後以為懲罰，後來加上三小點，表示血點，後來又把三小點聯成一線，就看不出原來的創意。

甲 金 篆

王 ㄨㄤˊ wáng

一個高窄的三角形上有一道短的橫畫，後來又在最上面加上另一道短橫畫，最下面的三角形則變成一直線。三角形代表的是帽子的形象。為了在戰場中容易讓部下見到王者，王者便戴起高帽子來指揮作戰。

甲 金

皇 ㄏㄨㄤˊ huáng

本義為有羽毛裝飾的美麗物品，用來形容偉大、崇高、輝煌等。上半部的圓形，表現一頂有三岐突出、羽梢圖案裝飾的形象；下半的結構是一個三角形，是帽子的本體。

甲 金

弁 ㄅㄧㄢˋ biàn

這個字和「皇」有關聯，表現出一個人的頭上戴有一頂插羽毛的頭冠。

甲 金 篆 籀

令 ㄌㄧㄥˋ lìng

一個跪坐的人，頭戴著一頂三角形的帽子。戴帽子的就是下達命令的人。可能是為了作戰方便，下達號令的人如果頭戴帽子，就會高出人群，容易被識別出來。

甲 篆

美 ㄇㄟˇ měi

一個人頭上裝飾著高聳彎曲的羽毛或類似的頭飾狀，用來表示「美麗」、「美好」等意義。頭飾在古代或氏族的部落，是一種很重要的社會地位表徵。

甲 金

辟 ㄅㄧˋ bì

一個跪坐的人，與一把對犯罪者刺刻花紋的刀組合。在甲骨文的意義大都是有官職者，是掌握刑罰的人，圓圈則是無意義的填空符號。

甲 金 篆

嬖 ㄅㄧˋ bì

供祭祀的男女奴隸。

甲 篆

辡 ㄅㄧㄢˋ biàn

從「辯」字或「辦」字分解出來的字，「辯」字表達以言論辯論何方有罪，「辦」則以刀（刑具）辦理有罪的一方，都是與訴訟有關的事。

金 篆

尹 ㄧㄣˇ yǐn

一隻手拿著一支毛筆，代表王者所委託代為管理事務的官員。

甲 金

聿 ㄩˋ yù

「筆」的初形，以一隻手握著一支有毛的筆。此字表達的是有關書寫的事務，就把散開的筆毛畫了出來。

甲 金

書 ㄕㄨ shū

一瓶墨汁之上，一手握著一支有毛的筆管，點明毛筆蘸了墨汁就可以書寫。「書」字的原先意義是「書寫」，後來才延伸為「書冊」。

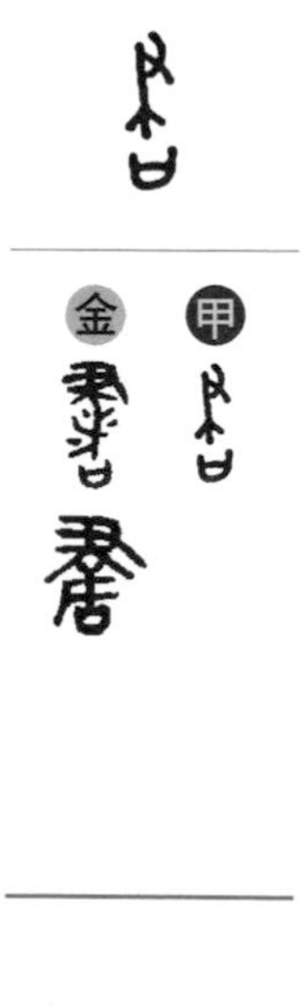

甲 金

刪 ㄕㄢ shān

以「冊」與「刀」組合，表現使用刀刪削竹簡上寫錯的字，以便再寫上正確的字，所以有「刪除」的意義。

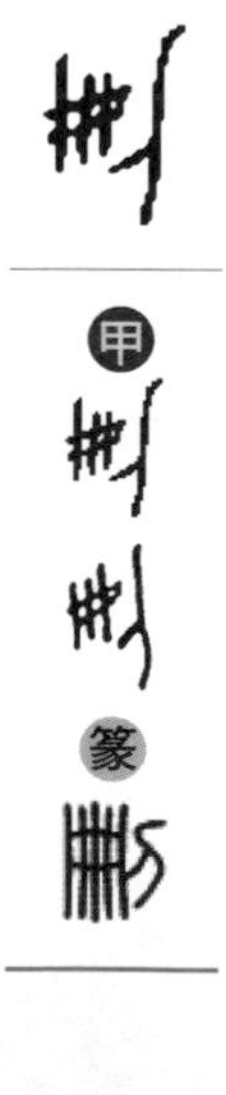

甲 篆

君 ㄐㄩㄣ jūn

一手握著一支有毛的筆管，而筆尖的毛已合攏。持拿毛筆寫字的人，代表發號施令的長官。

甲

史 ㄕˇ shǐ、吏 ㄌㄧˋ lì、事 ㄕˋ shì

「史」的職務是使用可以書寫很多行的木牘，做現場的紀錄。這三字都由「史」字分化而來，字形表現一隻手拿著放置木牘的架子。

甲　金

冊 ㄘㄜˋ cè

使用繩索將很多根竹簡編綴成一篇簡冊。「作冊」的官職負責在竹簡上撰寫賞賜的文辭，然後把竹簡編綴起來成為一卷，讓受賞的人可以攜帶出場。

甲　金

聿 ㄐㄧㄣ jīn（津）

手持的筆，尖端處有很多墨汁的津液狀。

篆

伊 ㄧ yī

手持筆桿上端，以手拿筆的人。是以書記治理人民的官吏。

甲 金 篆 古

典 ㄉㄧㄢˇ diǎn

以兩隻手捧著一本已用細繩索編綴成冊的典籍。典字指稱重要的典籍，重量比較重，需要用雙手捧讀。

甲 金

隶 ㄌㄧˋ lì

手持的毛筆，因為蘸了太多墨汁，導致接續滴下的樣子，代表連續的狀況。

篆

思 ㄒㄧㄢ xiān

從冊從心，意義是口才犀利，或許是因熟記書中的內容而有辯才。

篆

編 ㄅㄧㄢ biān

以冊與繩索組合，表達以繩索把許多竹簡編綴成一冊的意思。

甲 篆

巫 ㄨ wū

兩個I形交叉的器具形狀，是一種竹子製作、長約六寸的竹籌。利用搬弄竹籌的排列，做為判斷吉凶的依據，是後用來稱呼巫的職務。

甲

覡 ㄒㄧˊ xí

「見」與「頁」同是貴族或巫師的形象，「巫」與「見」的組合，表示地位高的巫師，其意義是男巫，反映古代男巫的地位比女巫高。

篆

祝 ㄓㄨˋ zhù

一人跪拜於祖先神位的「示」字之前，或張開嘴巴在祈禱，或兩手前舉做出祈禱的動作，在甲骨卜辭多為「祝禱」的意義。在後代，是與巫有類似職務的官員，「巫祝」便成為一個複詞。

甲 金

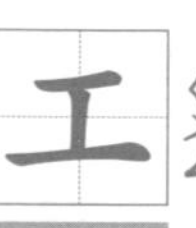

工 ㄍㄨㄥ gōng

「工」是懸吊著的磬樂器。在古代，音樂被認為有神異的力量，樂師是參與祭典的少數人，身分比其他工匠高。當音樂慢慢演變成娛樂節目，樂師地位下降，與百官同流，名為「百工」。

甲 金

攻 ㄍㄨㄥ gōng

使用棒槌敲打懸吊著的石磬，然後刮磨磬體而致掉下石屑，用這種方式來調音。校音是為了改善音的品質，所以「攻」字也常有「改善」、「預期」的引申意義。

甲 篆

辭 ㄘˊ cí

一手拿著一束在線軸上的絲線，一手拿著鉤針來整理亂絲的形象，有「治理」的意義。

甲

司 ㄙ sī

可能是甲骨文「辭」字的省寫，由鉤針與容器的字形組合而成，表達絲線治理後放進籃子裡，以待進一步的處理。

甲 金

后 ㄏㄡˋ hòu

從「司」字分別出的字。鉤針與籃筐，都是職司紡織的工具，引申為與「統治」有關的意義。

甲 金 篆

班 ㄅㄢ bān

用刀把玉剖成兩半。說明古代有此習慣，國王與被封賞的人各執玉的一半做為信符。但玉的硬度高，用刀分剖有橫刻痕的木板或竹節，更為可能。

金 篆

苟 ㄍㄡˇ gǒu

這個字的字形以金文的最接近原形，表現一個人頭戴高聳的冠冕，是重要場合的服裝，行動需謹慎，說話要小心，所以後來加「口」補足創意。

甲 金 篆

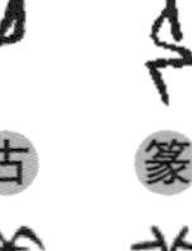

古

卬 ㄤˊ áng

由一個站立的人與一個跪坐的人組合，跪坐者仰頭望著站著的人，有「仰望」的意義。

篆

夲 ㄊㄠ tāo（皋 ㄍㄠ）

小篆的「夲」字可能是從「皋」字分解出來。「皋」字表現一個頭（代表大人物）在高架上，居高臨下在宣讀祝願的文章，所以有「祝願」的意思。

篆

夰 ㄍㄠˇ gǎo（臯 ㄍㄠ）

從「臯」字分解出來。「臯」字表現一個頭（代表大人物）在高架上（八），居高臨下，表現在上位者的傲慢神氣。

篆

臭 ㄍㄠˇ gǎo

可能也是「皋」、「臯」等字的分化，特別強調一位站立的大人物的頭部。

篆

頫 ㄈㄨˇ fǔ

可能表達低頭而皺眉、煩惱的樣子。「兆」是皺眉皺曲的形狀，而「頁」代表大人物，表示有權者多煩惱。

篆

𢝊 ㄧㄡ yōu

「心」、「頁」的組合，「頁」是貴族大人物的形象，為了管理的事務而煩惱、憂愁的樣態。

金

篆

皛 ㄐㄧㄠˇ jiǎo

以三個「白」字相疊，表達非常潔白。

篆

靦 ㄒㄧ xī

雨下面有兩位大人物，找不到地方遮蓋的尷尬景象。

篆

贔 ㄅㄟˋ bèi

多位有頭有臉的大人物聚會，帶有許多隨從人員，聲勢浩大。

篆

煩 ㄈㄢˊ fán

大人物面頰燙熱，像是火在燒，焦急心煩的現象。

篆

顨 ㄒㄩㄣˋ xùn

大人物相會時，列坐有序的樣子。

篆

寡 ㄍㄨㄚˇ guǎ

眼睛畫出的是貴族的形象，表達屋中地位高的人，數量很少。

甲 金 篆

敫 ㄩㄝˋ yuè

「白」與「放」的組合，表達光景流動的意思。另有可能是表達手持棍棒鞭打貴族，做為儆戒，因是貴族身分所以顯示面貌。

篆

頪 ㄌㄟˋ lèi

一個貴族事務繁多，可能因過度使用眼力，以致視力模糊不清。

篆

三 日常生活 I 食與衣

1 食／五穀雜糧

食 ㄕˊ shí

一件食器，上面有熱氣騰騰的食物，還加有蓋子。有些字形還表現出水蒸氣冷卻後，變成水滴滴下的樣子。

甲 金

禾 ㄏㄜˊ hé

一株直稈直葉而垂穗的穀類植物。禾是穀類作物的總稱，中國人主要的活動區域在華北，主要種植的穀類作物是小米，「禾」應是取形於小米類的作物形象。

甲 金

秝 ㄌㄧˋ lì

兩行「禾」並列，間距稀疏的樣子。

甲

歷 ㄌㄧˋ lì

「秝」與「止」的組合，表現腳（止）可以走過兩行禾（秝）之間的小路。

甲 金

黍 ㄕㄨˇ shǔ

一株有直立禾稈的植物形狀，卻與「禾」不同，「黍」的葉子向上伸而末端下垂。這個字常包含有水的形象，表達釀酒的用途。

甲 金

稷 ㄐㄧˋ jì

字形左邊是「禾」，右邊是「兄」。「兄」是一個跪坐的人，兩手前伸，念出禱告文字。是古代農官的官職名。

甲 金

畟 ㄘㄜˋ cè

這是從「稷」字分解出來的字。甲骨文的「稷」字是一位官員在禾之前祈禱的樣子，而「畟」的意義是致力於莊稼。

篆

穆 ㄇㄨˋ mù

「禾」的穗子已成長飽滿，因重量而垂下，仁實也長了細毛。

金

稻 ㄉㄠˋ dào

米粒在窄口細身尖底的陶罐上方。稻子是華南的產物，這個字表現的是把稻米的仁實裝罐運到北方。

甲 金

來 ㄌㄞˊ lái

一株植物的直稈及對稱的垂葉。有別於「黍」與「稻」，可能是小麥品種，因為是外來的品種，便假借為「來到」的意思。

甲 金

麥 ㄇㄞˋ mài

由「來」以及植物的根鬚（倒轉的「止」）組成。麥子的根鬚特別長，可以深入地下吸取水分，在比較乾旱的地區也能生長。麥子在商代還很罕見，並非一般日常食品。

甲 金

尗 ㄕㄨˊ shú

一隻手在摘取豆莢。「尗」是五穀中的一種。

金

尗 ㄕㄨˊ shú

由手摘豆莢的「叔」字分解而來，代表豆莢。

篆 尗

朩 ㄆㄧㄣˋ pìn

《說文》認為是從「𣏟」字所分解出來的字，表現一株麻的外皮經過搥打而與株莖分離。

篆 朩

朮 ㄓㄨˊ zhú

一株穗子部分有點特別的秫穀類作物。

篆 朮

𣏟 ㄇㄚˊ má

屋子裡（或遮蓋物）有兩株表皮已經被剖開的麻。麻的加工需要燒煮，多半在家中處理，因此造字強調麻多見於屋中的特性。

金 篆

2 食／作物採收與加工

𣏟 ㄙㄢˋ sàn

一隻手拿著棍子搥打兩株表皮已經離析的麻植物。麻的表皮不容易用刀具剝取，需以搥打的方式，讓表皮和莖分離，才容易剝取。

甲 金 篆

散 ㄙㄢˋ sàn

在金文中，還有一個音讀相同，意義相關聯的「散」，表現手拿棍棒搥打竹葉上的肉塊，打成碎肉。

金 篆

穗 ㄙㄨㄟˋ suì

「采」，一隻手在一株禾的上端，表示最原始的用手摘取成熟穀穗，而有「禾穗」的意義。由於「采」與「采」（採）字形接近，就另造形聲字「穗」取代。

篆

利 ㄌㄧˋ lì

一隻手把持住一株禾，用一把刀在根部切割成兩段。有刀割的「銳利」、加快收割速度的「利益」兩層意思。

甲 金

差 ㄔㄚ chā

用手摘取或拔起整株禾。穀類最原始的採收方式，是用手摘取，新石器時代用蚌殼割取，後來用石刀摘取穀穗。相形之下，用手摘取是最沒有效率的，便引申有「不好」的意思。

金 篆

釐 ㄌㄧˊ lí

甲骨文的字形是一隻手拿著木棍搥打禾束，以脫下穀粒，代表農家收穫。在金文中，多了一個「貝」的字形。農業稅收是國家財政重要來源，此字便有「治理」的意義。

甲 金

年 ㄋㄧㄢˊ nián

甲骨文的字形是一個站立的成年男子，頭上頂著一捆禾束，在搬運的樣貌，代表穀物收割了，又過了一年。金文中，「人」與「禾」漸漸分開，後來「人」字上更多了一道短橫畫。

甲 金

秀 ㄒㄧㄡˋ xiù

小篆的結構與「年」同，人頭上頂著一把禾束。表達稻禾已經長成，可以收割運搬回家了。

篆

秃 ㄊㄨ tū

結構和「年」與「秀」相似，都是由「人」與「禾」組合而成。可能表示頭髮好像禾種植的行列般空疏。

篆

委 ㄨㄟˇ wěi

一名婦女頭上頂著一捆禾束，表示婦女搬運收割後的禾束。女性從事這種搬運的勞動，體力不堪負荷，引申為「委任」、「委曲」等意義。

篆

季 ㄐㄧˋ jì

一個小孩的頭上，頂著一捆禾束。小孩是最後才會動用的人力資源，「季」就被用來表達時節之末，如「季歲」、「季春」。

甲　金

舂 ㄔㄨㄥ chōng

一個臼的上方，有一雙手在杵的兩旁，表達在臼中搗打穀粒的去殼工作，小點表示穀粒。

甲　金

秦 ㄑㄧㄣˊ qín

字形是雙手把持著杵，搗打兩個禾束，製作可食用的精米。是一種祭祀的禮儀，將新穀供獻於神靈之前，也可能是扮演收割場面的豐收舞蹈，感謝神賜福。

甲　金

米 ㄇㄧˇ mǐ

以六個顆粒代表多數，並用一道橫畫隔開。在商代，「米」指的是已去殼的穀物仁實，而不是某種特定穀物的名稱。

甲 篆

粟 ㄙㄨˋ sù

一株禾類植物及仁實的顆粒形狀，強調是已去殼的仁實。「粟」與「米」一樣可以代表任何穀類的顆粒。

甲

粱 ㄌㄧㄤˊ liáng

以「米」為意符的形聲字，表示是已經去殼的仁實。文字構件還有「刅」、「水」、「井」字，應是以「刅」為聲符的形聲字。「粱」是等級高的小米，是周代貴族用來祭祀以及宴客的穀物。

金

毇 ㄏㄨㄟˇ huǐ

一手拿著杵棒，搗打高立的臼中的粗米，使成為精米。

金 篆

匊 ㄐㄩˊ jú

現在的字形應是經過訛化，原是表現以手掬米粒的動作。

金 篆

3 食／煮食方法與器具

炙 ㄓˋ zhì

一塊肉在火上直接燒烤，引申為「直接接觸」之意。

篆

肉 ㄖㄡˋ ròu

一塊分解過的肉塊的形象。狩獵所得的野獸或家畜，體格都相當大，要分解成肉塊，才方便料理、搬運。

甲

多 ㄉㄨㄛ duō

兩塊肉的形狀，以兩塊肉塊來表達「多」的抽象概念。

甲 金

蠹 ㄉㄨˋ dù

甲骨文的意義是乾肉，可能乾腌的肉在製造的過程會生蟲子，所以用蠹蟲代表乾肉。字形的下半部是蠹蟲的形狀，上半部是「束」聲，已是形聲字的結構。小篆則改為「從蚰（ㄎㄨㄣ）橐（ㄊㄨㄛˊ）聲」。

甲 篆

橐 ㄊㄨㄛˊ tuó

甲骨文本來是一個前後都可以綁的鼓風袋，可讓爐子提高燃燒溫度。後來大概要分別不同樣式或質料，就在袋子的空間裡加上不同的符號。金文改為「缶」聲，小篆時又改為「石」聲。

甲 金 篆

肎（肯） ㄎㄣˇ kěn

從字義來看，表現骨與肉緊緊黏結在一起。

篆 古

庶 ㄕㄨˋ shù

以「石」與「火」組合，表示以火燒烤石塊。古人外出打獵時，不便攜帶炊具，就使用石煮法。因石煮法需要使用很多卵石，便引申有「眾多」、「為數甚多的平民大眾」等意義。

甲

金

火 ㄏㄨㄛˇ huǒ

火焰的形貌，但為了與「山」字有所區別，「火」字就加了兩個小火點。

甲

金 篆

炎 ㄧㄢˊ yán

以相疊的火焰，表達多層的、燃燒的火焰形貌。

甲 金 篆

赤 ㄔˋ chì

以「大」與「火」組合來表達赤紅色。

甲 金 篆 古

者 ㄓㄜˇ zhě、煮 ㄓㄨˇ zhǔ

表現容器裡有蔬菜以及熱水氣。「者」，是「煮」的字源。為了與做為助詞的「者」有所分別，在下面加「火」，使「煮食」的意義更為明確。

甲 金

香 ㄒㄧㄤ xiāng

描繪陶器上面有麥、黍等穀物。穀物的仁實被燒煮熟了，會發出誘人食欲的香味。

甲

孰 ㄕㄨˊ shú

在一座高臺基的建築前高舉雙手的人，以熟食在廟前獻祭，代表「熟食」的意思。後來假借為語詞，加上「火」成為「熟」字，做為區別。

甲 金 篆

燮 ㄒㄧㄝˋ xiè

一隻手拿著一枝細長的竹節在火上燒烤。用這種方法燒烤米飯，要等到竹節幾乎被烤焦才算燒熟了，有「大熟」的意義。

甲 金

灶（竈） ㄗㄠˋ zào

一個穴洞或家屋，與一隻昆蟲。燒煮飯菜的地方不免有昆蟲出沒，「燒竈」是一種如洞穴的結構，後來或許覺得「竈」筆畫太多，就創造了從火從土的「灶」。

金

昚（慎） ㄕㄣˋ shèn

與食物容器有關，表現要謹慎使用工具提起容器，手才不會被熱容器燙傷，有「謹慎」的意義。

金 古 篆

真 ㄓㄣ zhēn

「鼎」與「匕」的組合。需慎謹的以匕匙從鼎中挹取熱食，否則會被燙到。後來因為有修真得道的「真人」一詞，便解釋為「仙人」之意。

金 篆

甹(寍)(寧) ㄋㄧㄥˊ níng

托架上有一個盛裝湯水的器皿，因熱皿要用托架盛接才安全，所以有「安寧」的意義。有的熱湯已經濺出皿外，因此發出驚呼的聲音，呼叫的原字「乎」可能就是以此為創意的。

甲 金 篆

乎 ㄏㄨ hū

架子上有三小點。可能從「寧」字而來，當熱湯汁濺出來時會驚叫，與「呼叫」的創意連結。

甲 金 篆

灰 ㄏㄨㄟ huī

將火握在手中，是火已成灰燼才能做的事。

篆

𦘔 ㄐㄧㄣˋ jìn

手持火箸在撥弄灰燼，欲使火苗旺盛一些。

甲 篆

盡 ㄐㄧㄣˋ jìn

一手拿刷子在洗滌容器，刷子下端則訛寫成火。

甲 金 篆

守 ㄕㄡˇ shǒu

一隻手搗住傾倒的水盆盆口，不讓裡面清洗的食材掉出來，因此有「守」的意思。後來傾倒的水盆訛變成「宀」。

甲 金 篆

奧 ㄠˋ ào

在屋裡用雙手捧柴，代表古時候屋裡添柴取暖的地方，習慣位在西南角落，所以有「西南隅」的意思。

篆

弮 ㄐㄩㄢˋ juàn

從《說文》「弮」字的意義「摶飯」看，大概是從「𢍏（ㄐㄩㄢˋ）」字而來。「𢍏」字是雙手捧著一個豆類容器，容器上或下有米或禾。容器可能被省略，成為「弮」字的雙手捧米的字形，也有可能「弮」字是表現雙手摶捏牛糞成團，曬乾後充當燃料，所以「弮」字的主要意義是「把東西捏成一團」。

甲 金 篆

糞 ㄈㄣˋ fèn

雙手拿著長柄簸箕在處理糞便的模樣。

篆

具 ㄐㄩˋ jù

兩隻手捧起一個鼎，或從上面提起一個鼎的模樣。「陶鼎」是家家戶戶必備的燒食器具，所以有「準備」、「配備」等意義。

甲 金

員 ㄩㄢˊ yuán

一個鼎及一個圓圈。絕大多數的陶鼎都是圓形的，造字者借用它來表達抽象的「圓」。

甲 金

鼎 ㄉㄧㄥˇ dǐng

最上部分表現口沿上的兩個提耳，最下部分是兩個不同形式的支角。最常見的鼎是圓腹三腳，後來為了書寫方便，只以兩支腳表示。

甲 金

鼏 ㄇㄧˋ mì

有蓋子的鼎。

金 篆

贙 ㄒㄩㄢˋ xuàn

金文的結構是兩虎與一鼎，表現鼎上裝飾相對的虎紋，即所謂「饕餮紋」。

金 篆

鬳 ㄧㄢˋ yàn（獻 ㄒㄧㄢˋ）

甲骨文原先是一個蒸鍋的形象，後來加上「虎」字，表達裝飾有虎紋的青銅器，是祭祀用的高貴蒸鍋。後來再加上「犬」字，有可能表達一般的士族，蒸煮犬肉以獻祭。

甲 金 篆

鬲 ㄌㄧˋ lì

自「鼎」分化出來的器形，「鬲」的支腳是中空的，適合燒煮穀類。

鬻（粥）ㄓㄨˋ zhù

米煮於鬲中，兩旁炊煙上騰。字形過於繁雜，後來省略成「粥」字。

徹 ㄔㄜˋ chè

「鬲」與「丑」的組合。「丑」是使力抓緊東西的動作。使用彎曲的手指伸進鬲的中空支腳，才能徹底把飯渣清乾淨，所以有「徹底」的意義。

盧（爐）ㄌㄨˊ lú

爐子在支架上的形狀。甲骨文字形後來加上「虍」聲。金文時，若做為小型容器名稱，就加「皿」；若是青銅製作的小型燒火器具，就加「金」的意義符號。

會 ㄏㄨㄟˋ huì

可以套合的多層蒸籠，上有蓋、下有鍋，可以合起來使用。

甲 金 篆 古

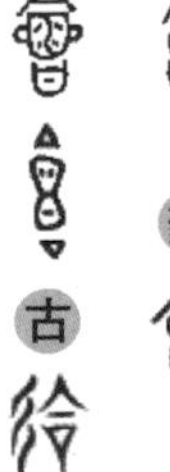

曾 ㄘㄥˊ céng

原義應是「甑」或「層」，多層的蒸鍋在冒煙。甲骨文字形表現出「竈」的形象，金文則補足「甑」下燒水的器具。

甲 金 篆

合 ㄏㄜˊ hé

一個有蓋子的容器形，且尺寸相合。

甲 金 篆

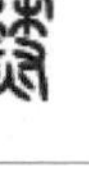

弇 ㄧㄢˇ yǎn

使用雙手把蓋子合上的姿態。古文字形則極像甲骨文的「冥」字（以雙手自子宮取出嬰兒），推測可能將「冥」字錯認為「弇」字。

篆 古

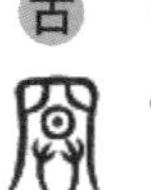

爨 ㄘㄨㄢˋ cuàn

字形構複雜，雙手將鍋子置放在燒灶之上，同時有雙手在灶下添柴升火，表達「烹煮」的意思。

篆 籀

4 食／飲食禮儀與食器

卿 ㄑㄧㄥ qīng、饗 ㄒㄧㄤˇ xiǎng、嚮 ㄒㄧㄤˋ xiàng

兩個人跪坐在食物之前的樣子，中間大都是一個容器（豆），上頭盛裝滿滿的食物。「卿士」、「饗宴」、「相嚮」三個意義，都和貴族用餐的禮儀有關。

甲 金

即 ㄐㄧˊ jí

一個人即將進食，前往就位的動作。「即」是一種時態，也是抽象的意義，借用進食之前的動作，表達「即將發生」的狀況。

甲 金

既 ㄐㄧˋ jì

一個跪坐進食的人，在食物之前，張開嘴巴、背對食物，表達某件事情、某種工作已經完成了。

甲 金

饔 ㄩㄥ yōng

雙手捧著豐盛的食物要供奉神靈，後來為避免與「登」混淆，代以形聲字，「從食雝聲」。

次 ㄘˋ cì

吃飯的時候有食物從嘴裡噴出的不禮貌行為，引申有「低下」、「次等」的意義。

巺（巽）ㄒㄩㄣˋ xùn

兩人同向跪坐，大致表現筵席場合大家列坐有序。後來衍生出「巽」字，增加一個用餐的矮几形象。

㳄（涎）ㄒㄧㄢˊ xián

一個站立的人，張開嘴巴流口水。在貴族聚會中，這副模樣是不雅觀的、失儀的。滴下的口水，後來被類化為「水」字。

盜 ㄉㄠˋ dào

一個人見到盤皿中的美食，口水直流，禁不住想要偷偷品嘗。

盥 ㄍㄨㄢˋ guàn

一隻手在盤皿裡洗手的樣子。漢代以前人們都是用手抓食物吃，因此吃飯之前要先洗手。到了金文就改為用雙手，水點也轉化為「水」字，正確表現出雙手在盤皿裡以水清洗的模樣。

甲 金

受 ㄕㄡˋ shòu

一隻手遞盤子給另一隻手，有「授」與「受」的兩層意義。

甲 金 篆

皿 ㄇㄧㄣˇ mǐn

一個圓體、有圈足的容器，也有字形呈現出兩個提耳，可能是尺寸比較大，需要提耳以方便移動。「皿」的大小與用途沒有一定，可以做為用餐器具，也可做其他用途。

甲 金

益 ㄧˋ yì

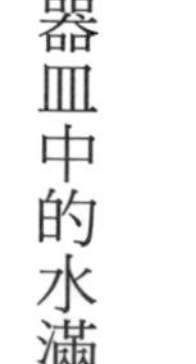

器皿中的水滿溢出來。

甲 金 篆

盇 ㄏㄜˊ hé

器皿中有食物而上覆有蓋子，即後來的「蓋」字。

金 篆

同 ㄊㄨㄥˊ tóng

「相同」指的是一種抽象的意義，借用與容器口同大的桶式盒蓋來表達。

甲 金 篆

襾 ㄧㄚˋ yà

小篆的字形作口朝下的器皿狀，是為了覆蓋某東西，所以有「覆蓋」的意義。

篆

皀 ㄐㄧˊ jí

陶製容器中的食物已裝滿，這是以穀物祭祀的意思。因為字形的訛變，陶器的圈足變成「匕」。

甲 金 篆

𧯠（鋀）ㄉㄡˋ dòu

甲骨文的字形與後代的「𧯠」字最為接近，像一件窄口大肚的容器。

甲

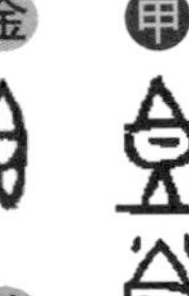

篆

豆 ㄉㄡˋ dòu

圓體、有圈足的容器，並畫出口沿。「豆」是吃飯最基本的食器。

甲 金

簋 ㄍㄨㄟˇ guǐ

一隻手拿著一支匕匙，要拿取簋盛裝的飯。「簋」與「豆」字的外觀相像，尺寸卻大得多，造字者以手持「匕」的特點來強調。

甲 金

俎 ㄗㄨˇ zǔ

兩塊肉放在一個平面用器上。「俎」是祭祀時常見的供奉品物。到了金文，有的字形把兩塊肉移出「俎」外，並簡化成兩個「卜」。

甲 金

疊 ㄉㄧㄝˊ dié

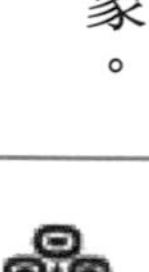

下半部的「宜」是俎板，表現祭祀時擺列祭品的景象。《說文》解說因三「日」過於光盛，改為三「田」。

篆

了 ㄌㄧㄠˇ liǎo

本義有可能是《說文》所描述的「湯匙」，後則借用為語助詞。

篆

勺 ㄕㄠˊ sháo

小湯匙中，看似有少量的東西。

篆

是 ㄕˋ shì

字形自長柄匙形演變而來，「止」的部分用意在增繁。「是非」是一種抽象的意義，借用長柄匙來表達正面意義。

金 篆 籀

5 食／飲酒與酒器

飲 ㄧㄣˇ yǐn

一個人俯首面對水缸或酒尊，張口吸飲的樣子。造字者特意畫出舌頭，是為了強調舌頭辨味的功能。

甲 金

酒 ㄐㄧㄡˇ jiǔ

一個酒壺以及濺出來的三點酒滴。窄口長身的尖底瓶，是仰韶文化常見的器物。

甲 金

莤 ㄙㄨˋ sù

雙手拿著一束茅草在酒尊旁邊，推測是以草濾酒的情景。酒在初釀成之時，含有穀物的渣滓，把渣滓過濾掉，才是比較高級的清酒。

甲

鬱 ㄩˋ yù

雙手拿鍋，在燒灶上煮芳香的酒。

篆

釁 ㄒㄧㄣˋ xìn

雙手扶住灶上的鍋子，灶下則有火在溫酒，是準備使用酒去祭祀的場面。「分」是「火」字的訛變。

篆

覃 ㄊㄢˊ tán

一個尖底的用來運輸的酒尊上，有一個香料包，酒經過香包的過濾，味道更加香醇，是高級商品。

甲

篆

金

古

爵 ㄐㄩㄝˊ jué

一種濾酒器具。它的樣子非常繁複，有幾點特徵：口沿上有支柱，有口流，器底有三個支腳。金文的字形則多了一隻手，表達可以單手把握。

甲 金

斝 ㄐㄧㄚˇ jiǎ

一件容器，口沿上有兩個立柱，器底有兩或三個支腳。對照商代出土的文物，便可了解是名之為「斝」的一種濾酒兼溫酒的大型器具。

甲 金

曹 ㄘㄠˊ cáo

在木槽上濾酒。上方兩個袋子是以纖維或繩索編織的，用過濾液體，木槽用來承受滴下的酒液，是酒坊裡過濾製造清酒的作業。

甲

鬯 ㄔㄤˋ chàng

某種花草的花朵形狀。使用椒、柏、桂、蘭、菊等植物的花瓣或葉子，釀造有特別香味的鬯酒，是祭祀神靈的重要供獻物品。

甲 金

召 ㄓㄠˋ zhào

兩手拿著酒杯及勺子在一件溫酒器之上，間接溫酒，意味著飲宴的時間很長，慢慢飲酒、慢慢交談。

甲 金

甘 ㄍㄢ gān

口中含有食物。食用甜食時，常會含在口中慢慢品嘗，借以表達甘美的東西。

甲 篆

甜 ㄊㄧㄢˊ tián

以「舌」、「甘」會意，讓舌頭感到甘味，是為「甜」。

篆

旨 ㄓˇ zhǐ

以湯匙、一件容器或一張嘴巴組合，表達享用甘美食物。後來字形近於簡化的「召」字，於是在「旨」字的口中加一點以為區別。

甲 金 篆 古

甚 ㄕㄣˋ shèn

「口」中有一點，造字創意大概與吃食甘美的食物有關。

金 篆

配 ㄆㄟˋ pèi

一個人跪坐在酒尊旁。在古代筵席中，每個人都配有自己的酒尊（或酒杯），可以用水把酒調和成自己習慣的濃度，是「配」的由來。

甲 金

聿 ㄋㄧㄝˋ niè

手持布巾，表達從事家務時需要動作敏捷的意思。

金 篆

醯 ㄒㄧ xī

由三個構件組成，「酉」是盛裝在罐子裡的醋，「㐬」是成年人低頭洗頭的倒栽形象，以及「盤皿」，表達古人用醋洗頭髮。或許因為「醯」的筆畫太多，後來改用「醋」表達。

篆

爿 ㄐㄧㄤ jiāng

兩隻手分別扶住一張床的兩端，才有辦法搬動它。

甲 篆

將 ㄐㄧㄤ jiāng

這個字的本義可能是「醬」。甲骨文有一字，在鼎的上面有一個置肉板及一塊肉。後來金文寫成「從爿從酉」，「酉」是裝醬的容器，「爿」是置放肉塊的板。小篆由「爿」、「肉」、「寸」組合，可以理解字義是用手拿板上的肉沾醬食用。

甲 金 篆

卣 ㄧㄡˇ yǒu

將一種溫酒或冰酒的容器，放在一個較大、裝有熱水或冰塊的容器中，準備招待客人。

甲 金

壺 ㄏㄨˊ hú

一個有蓋子的直身、圓底的容器。對照出土的文物，是稱之為「壺」的酒器。

甲 金

壼 ㄩㄣ yūn

壺中有煙氣的樣子。壺蓋密合，裡面熱氣翻騰，無法洩露出去的樣子。

篆

壼 ㄎㄨㄣˇ kǔn

宮殿的屋頂上有高崇的裝飾，圍牆內的行道又方正規整，是皇宮內才會見到的。

篆

尊 ㄗㄨㄣ zūn

兩手捧著一個酒尊。從壺分裝到小的盛酒容器，這個小的容器就是「尊」。

甲 金

仌 ㄅㄧㄥ bīng（冰）

「從仌從水」，自「冰」字簡省而來。金文「冰」字是 ，表現兩個小冰塊浮在水面上。

金 篆

6 食／坐息時間

旦 ㄉㄢˋ dàn

太陽即將自海面升起，或太陽已脫離海平面而映於其上的景象。後來，日下的部分，簡化為一道橫畫。

甲 金

昌 ㄔㄤ chāng

這是早上太陽剛升離海面的景象，所以表達早上的時刻。下頭的「日」逐漸變形如「曰」。早上以後日光漸強，所以引申有「昌盛」的意思。

甲 篆 金 籀

日 ㄖˋ rì

太陽。圈內的點或是為了與其他字分別，或是有意表現太陽黑子。有「太陽」、「日子」、「白天」等意義。

甲 篆 金 古

昜 ㄧㄤˊ yáng

甲骨文字形可以看到太陽已高升到計時的標竿上，是「陽」的古字。

甲 篆 金

炅 ㄐㄩㄥˇ jiǒng

「日」與「火」都是可以利用來照明的東西，因而有「見」的意義。

篆

朝 ㄓㄠ zhāo

太陽尚在樹林中、尚未上升的時刻，旁有水形，也可能有見潮水來臨之意，後來分別成為「朝」、「潮」兩個字。

金 篆

早 ㄗㄠˇ zǎo

小篆字形表達太陽已上升至標竿可以見到的高度，代表「早上」。

篆

采 ㄘㄞˇ cǎi

一隻手在一棵樹上，採摘樹上的果實或葉子。另外因太陽的光彩不容易描繪，假借「采」表達。

甲 金

杲 ㄍㄠˇ gǎo

「日」在「木」上，表示太陽已上升到樹頂的位置，是大放光明的時候，有「明亮」的意義。

篆

昃 ㄗㄜˋ zè

太陽把人的影子照得斜長，指太陽開始西下的時分。太陽西下後便無法再工作。

甲

金

 昆 ㄎㄨㄣ kūn

太陽照射下的陰影，人人的影像相似，不能分辨面貌，所以有「同」的意義。

金

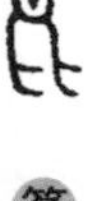

篆

昏 ㄏㄨㄣ hūn

太陽已下降至低於人的高度，是黃昏時段的另一種表現。這個時段人們準備休息，不再辦事。

甲

莫（暮）ㄇㄨˋ mù

太陽隱入樹林之中的樣子。太陽此時已完全西下，光彩大減，只剩微光浮於天際，稱為「小采」，也稱為「莫」。

甲 金

杳 ㄧㄠˇ yǎo

太陽已經下降到樹林的高度以下，代表天色已昏暗。

篆

晝 ㄓㄡˋ zhòu

一隻手拿著一枝毛筆，以及一個太陽，表達陽光充足，還可書寫的白天時段。

甲 金

熱 ㄖㄜˋ rè

甲骨字形是一個跪坐的人雙手拿著火把，意義是傍晚時分要使用火把照明。字形與雙手拿樹苗要種植的「藝」字很近似，後來在「埶」下加火，作「熱」。

甲 篆

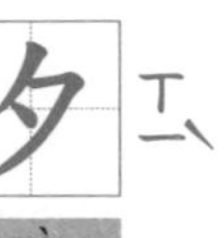

夕 ㄒㄧˋ xì

一個殘月的形狀，很清楚是指一天當中有月亮的時段。

甲 金

飧 ㄙㄨㄣ sūn

以「夕食」會意晚上的餐食。古人通常一天只吃兩餐。到了戰國時代，常因晚上有工作，約在晚間十時左右再進一餐，特別為此又創造這個專字。

篆

夙 ㄙㄨˋ sù

一個人兩手前伸、膝跪地，是恭送月亮的動作。古代可能有官員每天負責恭送月亮，以及迎接太陽的禮儀。

甲 金

更 ㄍㄥ gēng

一手拿著敲擊物在打擊一件器物，從字義推斷，是古代在晚上打更以通知時刻的習慣。從這個字可以知道商代已有計量夜間時刻的工具。

甲 金 篆

兮 ㄒㄧ

xī

甲骨文有一個時間副詞「郭兮」，因此推論此字和測量日影的裝置相關。

甲 金 篆

7 衣／穿衣文明的發展

衣 ㄧ yī

一件有交領的衣服上半部形狀。有交領的衣服，是用布帛而非動物毛皮縫製的，是紡織業興起以後的服裝形式，反映農業社會進入以布帛縫製衣服的時代。

甲 金

初 ㄔㄨ chū

一把刀和一件衣服。動刀裁切是縫製衣服的第一個步驟，因此有「開始」的意思。

甲 金

裘 ㄑㄧㄡˊ qiú

一件毛料顯露於外的皮裘形狀。「衣裘」一詞常用來概括所有的衣物：「衣」是以紡織的布料製成，「裘」是用毛皮的材料縫合而成。

甲 金

求 ㄑㄧㄡˊ qiú

在甲骨文中，「裘」是毛外露的皮衣，「求」是攘除災難的祭祀名稱。《說文》把兩字當做前後字形，因此「求」可能是未裁剪的毛皮粗料，而被借用為向神靈祈禱的道具。

甲　金　篆　古

衰 ㄕㄨㄞ shuāi

有鬆散毛邊、表面不平整的喪服。古人為了表示對死去親人的哀悼，穿不美麗的衣服，服喪期間的衣服不縫邊，以示無心求美與用食。引申有「衰弱不強」的意思。

金

表 ㄅㄧㄠˇ biǎo

皮裘能夠彰顯美麗及權勢，但是人們又怕弄髒它，於是加一層外衣掩蓋，卻不忘顯露一角以炫耀。因此「表」是指覆蓋毛裘的外衣，卻也引申有「表面」、「表揚」等意義。

篆

袁 ㄩㄢˊ yuán

嬰兒的長衣。經過長期農業社會生活，商代人們的衣服形式，大致屬於寬鬆、修長的風格。

甲

篆

裔 一ˋ yì

一件有長裙襬的長衣。裙的邊緣距離上衣遠，所以假借有「後裔」、「遠裔」的意思。

甲 篆

黹 ㄓˇ zhǐ

華美刺繡的圖案。以布帛縫製的衣服為防止布邊綻散，就以布條縫成「交領」的形式。為了美觀，貴族階級在這布條上刺繡，稱為「黹屯」。

甲 金

肅 ㄙㄨˋ sù

一個人拿著畫筆在描繪對稱的圖樣。是「繡」的原始字。刺繡的時候要專心謹慎，才不會出錯，引申有「肅敬」、「嚴肅」等意義。

金

畫 ㄏㄨㄚˋ huà

一隻手拿著筆在圖繪一個交叉的線條形狀。繪圖是刺繡的第一步，畫的可能是衣緣的「黹屯」圖樣。

甲 金

染 ㄖㄢˇ rǎn

由「水」、「木」、「九」三個構件組合，表示用植物（木）的汁（水）浸染多次（九）的染布作業。

篆

龖 ㄊㄚˋ tà

由「襲」字分解而來。衣服上有許多龍的刺鏽或圖案，是高官的服裝。

金 篆

冂 ㄐㄩㄥ jiōng

「冂」是一片衣裙的形象，「常」與「裳」的字源。

金

市（芾） ㄈㄨˊ fú

一幅「蔽膝」掛在腰帶上。「蔽膝」原是牧人工作時，保護下身和膝蓋的皮革衣飾。周族將「蔽膝」引進中原，成為貴族行禮時的服飾。

甲

尚 ㄕㄤˋ shàng

《說文》以為「從北向聲」。但從字形中無法找到「北」與尚德的意義關聯。後來引申為「曾」、「庶幾（或許）」的意思。

金 篆

巾 ㄐㄧㄣ jīn

下垂的手巾形，是古時人人隨身佩帶之物。

甲 金 篆

㡀 ㄅㄧˋ bì、敝 ㄅㄧˋ bì

「㡀」從「敝」字分解而來。「敝」是一手拿著棍棒的工具在捶打衣服（巾），是古代洗衣服的方式，因洗滌而使衣服破損，借以表達「破敝」的情況。

甲 篆

爽 ㄕㄨㄤˇ shuǎng

一個大人身上兩旁有「井」字形的符號，表示衣服上紡織的孔目稀疏粗大，穿起來舒暢涼爽，引申有「爽快」的意思。

金

8 衣／服制與飾物

黃 ㄏㄨㄤˊ huáng

一組掛在腰帶上、成組的玉珮形狀，中間的圓圈是主體的環璧，上面是接近腰帶的玉璜，下面是衡牙及玉璜一類的垂飾。「黃」的本義是「璜珮」，後來假借為「黃色」。

甲 金

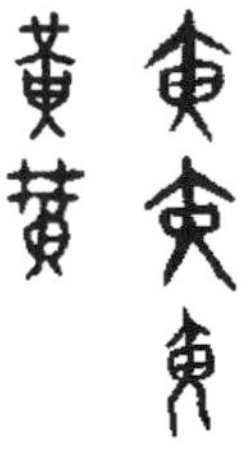

帶 ㄉㄞˋ dài

上半部是衣服的腰部被帶子束緊後呈現的皺褶，下半部是衣服的下襬佩帶有成串的玉珮。帶子不但可以用來束緊衣服，也可用來攜帶工具以及裝飾物件，引申有「攜帶」的意思。

金 篆

佩 ㄆㄟˋ pèi

左邊是一位站立的人形，而右邊是寬帶下有「佩巾」或「玉珮」。

金

嬰 ㄧㄥ yīng

一串貝圍繞著頸子均衡懸掛著。因為頸飾是圍繞而懸掛在頸部的，引申有「圍繞」的意義。

金

冃 ㄇㄠˋ mào （冒）（帽）

一頂小孩的帽子，最上面是裝飾物，中間是帽子本體，最下方是保護耳朵的護耳。後演變為「冒」，常代表「冒險」、「冒失」等意義，所以又另外創造了從「巾」的「帽」以區別。

甲 金

履 ㄌㄩˇ lǚ

一個大人的腳上穿著一隻像是舟形的鞋子。如果只簡單畫一隻鞋子的形狀，會和「舟」混淆，所以要加上貴族穿鞋的樣子。

金

梳 ㄕㄨ shū

用「木」字與一人低頭而長髮下垂的樣子，表示梳子。

篆

若 ㄖㄨㄛˋ ruò （叒）

甲骨文的「若」字是雙手上舉、梳理頭髮使順遂的意思。由金文可以知道「若」、「叒」是同一字的前後字形，意義是「順暢」，而非《說文》所說的「擇菜」。

甲 金 篆

前 ㄑㄧㄢˊ qián、湔 ㄐㄧㄢ jiān

一隻腳在有把手的盤中洗滌。除了洗腳的本義之外，還有「先前」、「某事之前」的意義，可能來自上廟堂、廳堂行禮之前必須洗腳的習慣。

甲 金

監 ㄐㄧㄢ jiān

一個人俯臨水盆，檢視自己水中的倒影。

甲 金 篆 古

沬 ㄏㄨㄟˋ huì （頮）

雙手以器皿傾倒水在一位貴族（頁）的身上，是沐洗身體的意思。金文中大量使用此字，多作「沬壽無疆」。古代的習俗，壽誕時要沐身更衣，因一般人不慶祝生日，就使用貴族的形象來表達。

金 篆 古

nì

用手從箱中拿取衣服或收藏這類用品的動作。

四

日常生活 II 住與行

1 住/居住環境

山 ㄕㄢ shān

一座有三個峰巒的山形。而後底部漸成彎曲，為了避免與「火」字混淆，就在「火」字上加兩點加以區別。

甲 金 篆

仚 ㄒㄧㄢ xiān

人在山上。

篆

屵 ㄩㄝˋ yuè

指岩岸上從岸下就能看到的高目標。

篆

隉 ㄋㄧㄝˋ niè

山上有凹陷，容易令人疏忽而墜落其中，因而有「危險」的意義。

篆

丘 ㄑㄧㄡ qiū

甲骨文字形畫出左右兩岸高起的山丘，中間是水流經過的窪地。金文字形，改變了筆勢，把左右兩側的豎直筆畫，變成斜畫上的短畫，下面再加一道短的橫畫，這是文字演變的常規。

甲 金

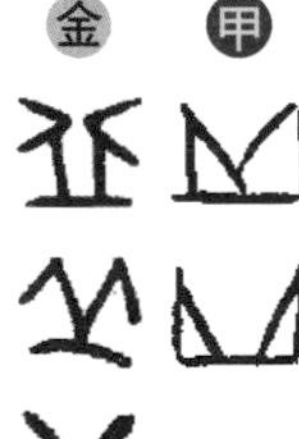

泉 ㄑㄩㄢˊ quán

甲骨文字形是水從源頭湧出的樣子，表達人們發現在距離河流較遠而地勢較低窪的地點，有泉水湧出，可提供生活用水。

甲

原 ㄩㄢˊ yuán

金文字形比「泉」多出一道筆畫，表示泉水從源頭開始湧出來。泉水湧出來的地點，就是溪流的源頭。

金

邍 ㄩㄢˊ yuán

平原的本字。平原是一種地況，難以圖繪，就藉由以腳步驅逐野獸、開闢農田來表示在平原的情況。因字形太繁雜，後來假借「原」字來表達。

金 篆

水 ㄕㄨㄟˇ shuǐ

以水滴表現水流。

甲 金 篆

巛 ㄗㄞ zāi（災）（灾）

這個字的甲骨字形前後有變化，先是以多重的波浪表達氾濫成災的災難，接著是把字轉向，再來是水中加一橫畫，表達河川被堰塞而致氾濫成災，接著將橫畫變成「才」聲。另一個創意解釋則是表示房子裡有火災。

甲 古 篆 籀

咎 ㄐㄧㄡˋ jiù

一個人的頭上被另一隻腳所踐踏，代表一種災殃，後來加上「口」的裝飾符號。

甲 金 篆

澗 ㄐㄧㄢˋ jiàn

甲骨文表現出水流通過兩個山丘之間的樣子，後來代以形聲字。

甲

篆

州 ㄓㄡ zhōu

水流中有一塊浮出水面而可以居住的土地。本來是小面積的土地，後來擴充成為很大的行政區域，成為「州」、「洲」，字形也從一片小州變成三個小州。

甲　金　篆

谷 ㄍㄨˇ gǔ

山谷的水流碰到阻礙物而分流。

甲　金　篆

谷 ㄐㄩㄝˊ jué

小篆字形表現出嘴巴內牙齒之上的紋理，這樣的字形與山谷太過接近，所以改換為形聲字的「臄」。

篆

井 ㄐㄧㄥˇ jǐng

甲骨文字形，四排木材構築成的四方框形水井形，表現古老的水井構築方法，先把木料打入土中，形成四排木樁，挖出中間的泥土，再套上木框。金文字形，在方框中加了一個圓點，表示井口，使形象更為清楚。

甲　金

彔 ㄌㄨˋ lù

井上架設轆轤，汲水桶濺出小水滴。轆轤是一種有絞盤的機械裝置，以繩索穿過絞盤，拉起汲水的桶子。從字形可以看出，為了使水桶容易傾倒入水中以取水，水桶就做成上下窄而中身寬的形狀。

甲 金

邑 ㄧˋ yì

甲骨文字形是由兩個單位組成，「卩」是一個人跪坐的形象，這是戶內才有的坐姿；「口」用來表現一個區域範圍。綜合兩者，「邑」表示在一定範圍內的戶內生活。

甲

郭 ㄍㄨㄛ guō

甲骨文字形中間是一個方形或圓形的範圍裡，有四座建築物的形狀。這是表現一個方形或圓形的城，四面城牆設有城樓，可以觀望與偵查四周的動靜。

甲 金

昔 ㄒㄧˊ xí

由「災」及「日」兩個構件組成。「災」，是很多道波浪重疊而翻滾的樣子，河流氾濫成災的景象，借用它來代表所有的災難。「昔」有「過去」的意義，表示水災已是過去所發生的往事了。

甲 金

陳、敶 ㄔㄣˊ chén

由「阜」、「東」與「攴」三個構件組成，一隻手拿著棍子敲打山坡上的袋子，這是防禦水災的建築工事（敲打沙包，使得沙包緊實）。

金

闌 ㄌㄢˊ lán

初形大多是門內有袋子的字形，可能是為了防止大水淹進屋裡來。後來加上「夕」的符號，可能表示從門上的破洞可以看見月亮，而要把破洞塞住才能防止進水。

金 篆

野 ㄧㄝˇ yě

樹林中有一個「士」。甲骨文「士」是雄性動物的性徵。「野」的造字創意，來自野外樹林中豎有男性性器崇拜物，而後加上聲符「予」。

甲 金 篆

里 ㄌㄧˇ lǐ

「田」與「土」的組合，後來引申有「居住」的意義。

金 篆

郵 ㄧㄡˊ yóu

「垂」是邊疆種植顯示分界的灌木，「邑」是眾人聚居的地方。邊疆的城邑有郵傳通訊的地方和機制，所以有「郵信」的意義。

篆

口 ㄨㄟˊ wéi

表達一定的範圍，是由他字所分解出來的字。

篆

韋 ㄨㄟˊ wéi

原先表現四隻腳從四個方向包圍一個居住區，是「包圍」的意思，甲骨文已省略兩隻腳。後可能「韋」被借為表示皮革，就加「口」而成「圍」，加以區別。

甲 篆

2 住／居住形式

向 ㄒㄧㄤˋ xiàng

只有一個出入口的尖頂家居。這是簡單構築的地下穴居，只有一個出入口，別無其他通風的開口。形象是屋子的正面，也是屋子的所向，所以「向」字有「面向某方」的意義。

甲 金

宀 ㄇㄧㄢˊ mián

有牆壁與屋頂的房屋。後來多做為房屋的義符。

甲 金 篆

广 ㄧㄢˇ yǎn

為許多字的共同構件，是建築物的側視形狀。

金 篆

产 ㄓㄢ zhān

小篆字形是一個人趴在崖岸。

篆

宕 ㄉㄤˋ dàng

金文字形大致以石塊建成的住屋表意，指的是開鑿山壁的洞屋。

金 　篆

宮 ㄍㄨㄥ gōng

甲骨文有兩類字形，表現出幾種房屋有不同形式的隔間，以及加上代表房屋的符號。房屋最初容納一兩個人，做為遮蔽風雨、短暫休息的地方。後來房屋的面積愈來愈大，還有斜檐屋頂，不再擔憂有降雨的困擾。

甲 　金

京 ㄐㄧㄥ jīng

一個斜簷建築物，架設在高出地面的三排木樁上。建築在一排排木樁上的房子，比建在地面或臺基上的建築要高，是政教中心才有的高聳建築物形，代表「京城」。

甲 　金

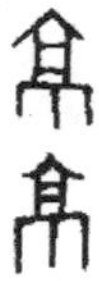

享 ㄒㄧㄤˇ xiǎng

一座有斜檐的建築物，豎立在一座高出地面的土臺上。以這種修築地基的方式，打造享祭神靈的建築

甲 　金

高 ㄍㄠ gāo

由「享」分化出來的字。臺基上高聳的建築物。這種建築物的高度比起一般的家居要高。建築物下的「口」，可能是演變過程中不具備意義的填空。

甲 金

臺 ㄊㄞˊ tái

一個「享」疊在另一個「享」之上，「臺」是在多層階梯上的建築物。下半部的「至」可能代表階梯的形象，或是建築物之前的標示物。

甲 篆

樓 ㄌㄡˊ lóu

一個「享」疊在「京」之上。依據字形看，「京」表達干欄式的房子，底下只有柱子，是虛空的；「享」表達在堅實地基上的建築；綜合起來，此字表現兩層樓房的建築，即是「樓」。

甲 金

亳 ㄅㄛˋ bò

商代有名的城邑，曾經是首都。一般以為「從高乇聲」，但是「高」字下面的部分，形象多樣，可能不是聲符。整個字表現高樓前有圖騰一類，特殊行政中心的標識。

甲 篆 金

乇 ㄓㄜˊ zhé

這個字從「宅」、「亳」等字分解而來。《說文》描述為草葉的芽冒出土的形象，但根據甲骨文「宅」與「亳」字的寫法來看，似與草木無關。

甲 金 篆

喬 ㄑㄧㄠˊ qiáo

一座高層的建築物上，有彎曲高崇的裝飾物，有「高」的意思。

金 篆

阝（阜）ㄈㄨˋ fù

甲骨文的字形是一把梯子。梯子是通往二樓必要的工具，在商代，兩層樓的建築是貴族祭祀神靈的地方，因此被視為上天的法具。梯子的形象是平線與斜線相交，簡化時作三道斜線向上。到了周代，與三道斜線向下的「山」字（⻊）混淆，而不知「阜」原來的意義是「樓梯」。

甲 篆 古

陟 ㄓˋ zhì

形容上樓，兩隻腳前後往上爬樓梯的樣子。住屋有上下層構造，就需要上下樓。

甲

降 ㄐㄧㄤˋ jiàng

形容下樓，兩隻腳前後往下走樓梯的樣子。

甲

夅 ㄐㄧㄤˋ jiàng

從「降」字分解而來，雙腳自木梯下降的模樣。

篆

陵 ㄌㄧㄥˊ líng

甲骨文字形，一個人抬起一隻腳，要爬上梯子的樣子，有「超越」、「凌駕」的意義。金文字形在人的頭上加上三道筆畫，表達搬物品上樓時，要將物品頂在頭上才方便上下樓梯。

甲

金

3 住／早期的房屋

北 ㄅㄟˇ běi

甲骨文是兩個人相背對，假借為北方。太陽每天從東方升起，所以人們先有「東、西」的方向感，後來才有「南、北」。而或許古人建屋多取面南向，因此「北」為屋子背對的方向。

甲 金 篆

各 ㄍㄜˋ gè

一隻腳踏進一處半地下式穴居的樣子，有「來到」、「下降」的意義。在商代，多數人的住屋是半地下式的。

甲 金

出 ㄔㄨ chū

一隻腳朝穴居的外面走出去，是「出門」、「出外」的意義。

甲 金

內 ㄋㄟˋ nèi

穴居。早期的半地下穴居，沒有可以開闔的門戶，只有一個可以進出的開口，字形中的「入」可能是門簾。

甲 金

外 ㄨㄞˋ wài

與「卜」的字形完全一樣，是占卜的時候燒灼甲骨，使骨的表面裂開而顯示的兆紋形象。

甲 金

退 ㄊㄨㄟˋ tuì

由「內」與「止」組合而成。一隻腳（止）在屋內。古代人們一早就外出工作，工作完畢才回家休息，因而有「退回」、「退卻」的意義。

甲

㕯 ㄋㄚˋ nà

從甲骨文字形來看，創意應與「口」無關，而是表現古代穴居於門內的情況。

甲 篆

處 ㄔㄨˋ chù

字形與「退」類似，但門簾還沒有拉開，表示屋內的人還沒有出去，有「安處」的意義。

甲 金

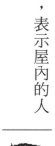

戶  hù

完全蓋在地面上的房子，就有戶。戶字是單扇木板，裝設在一根木柱上。「戶」的面積大，木板是由多塊合併起來，字形則用兩塊木板象徵多數。

甲

扁 ㄅㄧㄢˇ biǎn

由「冊」為編綴扁平的竹簡而成，表示門戶則由扁平的木板聯綴起來，有如簡冊。

篆

門 ㄇㄣˊ mén

甲骨文字形是兩根木柱各裝有一面由多片木板組合的「門戶」，商代時候，「戶」是個別房子的出入口，「門」是聚落共同的進出口。

甲 金

闢 ㄆㄧˋ pì

金文表現用雙手將兩扇門打開，有「開闢」的意義。後來小篆改為「從門辟聲」。

金 篆

間 ㄐㄧㄢ jiān

借用月光從門隙照射進來的景象，表達「孔隙」的意義。金文中「月」旁的「卜」字形則代表裂隙。

金　篆　古

閑 ㄒㄧㄢˊ xián

以門下的木頭代表門檻，引申為還沒出門，「在家中休閒」的意思。

金　篆

開 ㄎㄞ kāi

雙手解開門閂開門的樣子。

篆　古

启 ㄑㄧˇ qǐ

「戶」、「口」的組合，以口出聲，請人開門的意思。

甲　篆

扇 ㄕㄢˋ shàn

以羽毛編綴的扇子，形狀與門戶相似。

篆

啟 ㄑㄧˇ qǐ

用手開門的動作。金文「手」（又）的部分被「攴」類化。

甲 金 篆

名 ㄇㄧㄥˊ míng

「夕」與「口」的組合，夜晚視線不清楚，要開口說出姓名，才知道是誰。

甲 金 篆

就 ㄐㄧㄡˋ jiù

一人高舉起手，將攀爬一座高樓，有「即將」的意義。

篆 籀

㐱 ㄓㄣˋ zhèn

門的前面有數級臺階（一般有錢人的房屋是三級臺階），方便人員進出，也表示「登」的動作。

篆

閉 ㄅㄧˋ bì

兩扇門戶已經上閂、關閉的樣子。

金 篆

牖 ㄧㄡˇ yǒu

意指窗戶，字形可能有過訛變而使創意難解，但確定不是形聲字。

篆

閏 ㄖㄨㄣˋ rùn

王居於門內。依五行說，告朔之禮時，王會居住於宗廟，閏月則居於門內。

篆

囧 ㄐㄩㄥˇ jiǒng

圓形的窗子。為了與其他圓形的東西有所區別，便在圓圈中加上三或四個短線。

甲

囪 ㄘㄨㄥ cōng

有框架的窗形，做為在牆壁上的通風裝置。

篆

古

明 ㄇㄧㄥˊ míng

由「窗子」與「月亮」組合而成，充分說明是利用照進窗內的月光使室內明亮的意思。窗子大多簡寫有如「日」。

甲

亮 ㄌㄧㄤˋ liàng

一個人在高層建築裡面。因高房採光好，所以有「明亮」的意義。

篆

庬 ㄏㄨㄢˊ huán

屋裡有一把兵戈，字義卻指「屋瓦」。甲骨文雖見幾個字形表現屋頂有不同形式的裝飾，但沒有瓦出土，所以有可能原是指屋頂上類似兵戈的裝飾，將意義轉化為「屋瓦」。

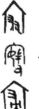

篆

官 ㄍㄨㄢ guān

字形由房子與土堆組合，可能表示以土堆成的居處，沒有結實的地基，是臨時性的官員的館舍。後來以官員的意義造「館」、「舘」（館之異體）兩字加以區別。

甲 金 篆

回 ㄏㄨㄟˊ huí

是器物上常見的花形紋飾。此字形在甲骨文是「亘」字，專指房屋的裝飾花紋。

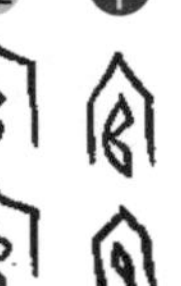

金 古 篆

寢 ㄑㄧㄣˇ qǐn

描繪屋子裡有一把掃帚，放置掃把的地點，就是寢室，因為睡覺的地方需要特別打掃乾淨。

甲 金

寒 ㄏㄢˊ hán

一個人在四個（表示眾多）草之中。人們最早是睡在地面上，後來改睡在乾草上。或許這樣睡起來不夠溫暖，才有「寒冷」的意義。

金

𡫳 ㄙㄜˋ sè

甲骨字形表現在屋子裡以雙手拿著工具，或許是在填塞屋中的孔隙，使保持溫暖，所以有「填塞」的意義。

甲 金 篆

匿 ㄋㄧˋ nì

金文字形表現一個人躲在隱蔽處，因為沒有被發現，雙手上舉，顯得很高興的樣子，所以有「藏匿」的意思。

金 篆

宿 ㄙㄨˋ sù

一個人躺臥在以草編綴的蓆子上，或臥睡在屋中的草蓆上。這時已由睡在乾草上改良為睡在草蓆上。這是晚上長時間的睡眠，因此也指「住宿」或經過「一夜」的時間。

甲 金

㐁 ㄊㄧㄢˋ tiàn

從甲骨到金文的字形演變看來，此字原來是蓆子的形象，後來筆畫脫離而失去早期的創意。

甲 金 篆

因 ㄧㄣ yīn

指用來睡覺的寢具，其中以編織的席子最常見。後假借為語詞，而加草符成「茵」，加以區別。

金 篆

席 ㄒㄧˊ xí

古文字形是屋內使用的蓆子。後來可能改換為形聲形式。

篆 古

𡰪 ㄒㄧㄝˋ xiè

「尸」與「自」的組合，人在睡臥中而聽到鼻息聲，是熟睡的現象。

篆

疒 ㄔㄨㄤˊ chuáng

草蓆無法隔絕濕氣，進而改良為睡在床上。橫著來看，這是一個人躺臥在有支腳的床上。商代的人，一般是睡在蓆子上，睡在床上表示生病了。

甲

疾 ㄐㄧˊ jí

一個人被箭射中，受了傷而倒下的樣子。與因內傷而躺在床上休息的「疒」不同，「疾」所代表的是受了外傷的病人。又有一種解釋：因人不喜歡生病，而有「厭惡」的意思。

甲

爿 ㄑㄧㄤˊ qiáng

從甲骨文含有「爿」構件的字群看，「爿」是指生病時躺臥的板床，或是置放食物的小矮几。

甲 金 篆

夢 ㄇㄥˋ mèng

一個有眉目的貴族，睡在床上，眼睛睜得大大的，好像看見什麼似的。古代貴族在做重大決定前，有強制服藥，作夢求解的習俗。因為可能意外死亡，以其尊貴身分，需要特別躺在床上作夢。

甲

室  shì

甲骨文字形，一個房屋裡有一個「至」，指屋內多用途的空間。這是一個「從宀至聲」的形聲字。在金文字形中，屋內繁化成並列的兩個「至」字。

金

廳 ㄊㄧㄥ tīng

在屋子裡有一個「聽」字，意思是指屋內處理重要事情的大空間。是「從宀聽聲」的形聲字。

甲

廷 ㄊㄧㄥˊ tíng

「廷」是官員向君王行禮時所站立的地方，上下廳堂之間的臺階，以斜畫表示。

金

位 ㄨㄟˋ wèi

金文初以「立」字表達，加上「胃」的聲符，大概是筆畫太多，後改為「位」字，表示人所立之處。

金

篆

屋 ㄨ wū

房屋。從古文字形來看，與「臺」字同樣從「至」，應該是同類的形象。

篆

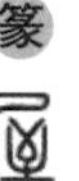

古

籀

去  qù

一個人雙腳曲折，蹲在一個坑上。合理的推測，此人是蹲在一個坑上排便，所以有「去除」的意思。

甲

圂 ㄏㄨㄣˋ hùn

一隻豬或野豬在豬圈中，或很多隻豬在一個家屋中。古代為了收集肥料方便，會把人的廁所與豬圈建在一處。

甲 篆

雝（雍） ㄩㄥ yōng

最繁的字形由三個構件組合而成：「宮」、「水」與「鳥」。一座大型的宮殿院落裡，有流水以及禽鳥，是非常高級的建築。

甲 金

容 ㄖㄨㄥˊ róng

金文字形看起來就是一個形聲字，「從宀公聲」。小篆卻改為「從宀從谷」。「谷」表達出水流碰到阻礙物而分流的現象，「容」是「容納」、「包容」，表達居處的面積廣大，足以容納有山石與水泉的花園。

金 篆

囿 ㄧㄡˋ yòu

在一處特定範圍內，分區栽植草木的園藝場所。這是貴族階級為了打獵行樂所圈圍起來的地方，別人是不能隨意進出的。

甲

金

古

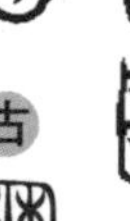

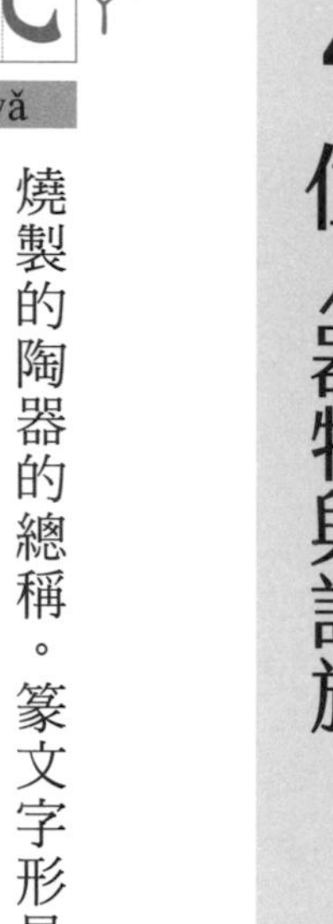

4 住／器物與設施

瓦 ㄨㄚˇ wǎ

燒製的陶器的總稱。篆文字形是表現兩片瓦片相互交疊、扣合起來的形狀，可能是瓦片是在屋脊或屋面上的樣子。

篆

屚  lòu

雨水從屋頂的隙縫漏下來的樣子。

篆

宣 ㄒㄩㄢ xuān

迴旋的圖案，後來再加上一個房子的符號，表示是裝飾房屋的幾何形圖案。

甲 金

休 ㄒㄧㄡ xiū

一個人背對著一棵樹休息，引申有「美好」以及「休止」的意義。

甲 金 篆

冗 ㄖㄨㄥˇ rǒng

一人在屋內休息。古代住家甚小，只容睡眠、休息，需要外出才能活動。後來住屋空間擴大了，可在屋中從事生產的活動。

篆

宄 ㄍㄨㄟˇ guǐ

甲骨文字形是一人拿著打擊用具在屋內撲殺害蟲。金文字形省略手與用具，或繁寫「宀」成「宮」。古文加「心」，表示與「思考」有關。

甲 金 篆 古

昷 ㄨㄣ wēn

一個人在器皿上洗澡。一般人以溫水入浴，因此借洗澡表達「溫」這種抽象的感覺。後來的字形，水點被連結起來成一個圓圈。

甲 篆

枕 ㄓㄣˇ zhěn

由「木」與「冘」構成，「木」表示製作枕頭的材料，「冘」為聲符。一人頭靠在枕頭而側臥。

篆

㔷 ㄌㄡˋ lòu

字義為「隱藏」，一件東西被隱藏起來的樣子。

篆

央 ㄧㄤ yāng

一個正面躺臥的大人，頸部下有一個枕頭。與「冘」對照，「冘」表現出側臥的形象，「央」則表現仰臥的姿態。

甲 金

貯 ㄓㄨˇ zhǔ

「貯」，是一枚用來交易的海貝 ，收藏在「宁」形的器物中。於是我們了解，「宁」是收藏東西的箱櫃，

宁 ㄓㄨˋ zhù

字形應是表現箱櫃的側面形象。人們有了穿衣服的習慣，就需要收藏衣物的箱櫃。

尋 ㄒㄩㄣˊ xún

雙手左右伸開，丈量一件器物長度。例如丈量住家不能缺少的蓆子。兩臂之間的長度為「尋」，稍短於兩公尺。

丌 ㄐㄧ jī

甲骨文的「其」字（ ），本是簸箕的形象。到了金文繁化成 ，卻又簡省成 ，因此被認為是短足的矮几。

凭 ㄆㄧㄥˊ píng

一人以手憑靠在矮几上休息的樣子，所以有「憑靠」的意思。

甲 甲 甲 金 篆 篆

居 ㄐㄩ jū

一個人坐在矮几上的樣子。矮几是戶外的臨時坐具，直到春秋晚期才出現。

篆

几 ㄐㄧ jī

可能是進食用的短几，後來兼代表坐具的矮几。春秋晚期有東夷人在戶外坐胡床（繩床）的形象，但比較近於「丌」的字形。後來可能因形近音讀也近，就混用了。

金　篆

𠭥 ㄎㄨㄟˋ kuì、𦳝 ㄎㄨㄞˋ kuài

《說文》失收，但有從「𠭥」聲的字，而由聵（𦳝）推論，字形表現一手持蕢器（簸箕）以收集草葉的樣子。

篆

臾 ㄩˊ yú

從「蕢」字的古文字形分析，知道「臾」字是雙手拿著掃除工具的樣子。

古

蕢 ㄎㄨㄟˋ kuì

篆

埽（掃）ㄙㄠˇ sǎo

手持掃把打掃，重點在用水清除馬兒身上的髒汙。後來以掃除庭院的灰塵為主，而把「水」改為「土」。

甲 篆

厽 ㄌㄟˇ lěi

土塊相疊的樣子，用以砌牆。

篆

叟（搜）ㄙㄡ sōu

一個人手持火把在屋子裡搜索。室內若用火把照明，易有火災，所以這是為了搜找東西，才臨時使用火把。

甲 篆

光 ㄍㄨㄤ guāng

一個跪坐的人，頭頂著火焰（燈座），以火光照明。代表商代在室內已用器物盛油點燈。

甲 金

幽 ㄧㄡ yōu

「火」與兩股絲線，表達火燒燈芯，光線幽暗的意思。

甲 金

熏 ㄒㄩㄣ xūn

兩頭都有綑綁的袋子，袋中還有很多東西的模樣。這是一個香囊，裝乾燥的、有香味的花瓣，可以讓衣服沾染香味，也可以佩帶走動，隨處生香。

金

籃 ㄌㄢˊ lán

古文字形，屋裡有個早期的薰爐在焚燒兩束草。後來用來稱裝盛東西的容器。小篆改為形聲字。

篆 古

巤 ㄌㄧㄝˋ liè

一隻毛毛蟲的形狀，可能是指蠟蟲，分泌的蠟可做為蠟燭的材料。

金 篆

送 ㄙㄨㄥˋ sòng

雙手持火把於行道，恭送客人的意思。

金

籀

篆

熒 ㄧㄥˊ yíng

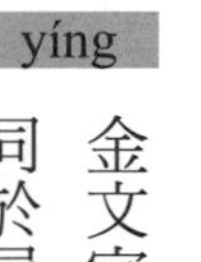

金文字形，兩支火把相互支撐，是戶外的照明用具，不同於屋裡的燈燭。

金

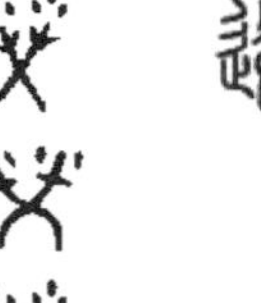

篆

5 行／交通工具發明前

步 ㄅㄨˋ bù

行走時一前一後的腳步。沒有發明交通工具以前，要靠雙腳步行才能到達目的地。

甲 金

止 ㄓˇ zhǐ

腳的模樣，為了書寫快速，大多簡化為三根趾頭，而凸出一旁的是大拇趾。

甲

陸 ㄌㄨˋ lù

甲骨文字形，山坡旁平地矮叢樹生長的地方為陸地。「陸」字本從「山」，後來「山」（山巒）與「阜」（梯子）的字形混淆，變成從梯子的「阜」。

甲 金 篆 籀

疐 ㄓˋ zhì

腳步前進園圃田地，通過時要小心避免踐踏，或繞道而行，所以有「阻礙難行」的意思。

甲 金 篆

鬱 ㄩˋ yù

一個人在茂林中行走，腳被東西卡住而難行的處境。

金 篆

森 ㄙㄣ sēn

以眾多林木表示森林。

甲 篆

楚 ㄔㄨˇ chǔ

由「林」或「森」、「正」組合。「正」的意義是征伐，前往要征服的城邑，「楚」字的意義一是荊棘，一是楚國名。創意可能來自沿途到處是荊棘。

甲 金 篆

幵 ㄐㄧㄢ jiān

「幵」可能是從「荊」字分解出來。金文的「荊」字是一把刀或犁上有草木狀，大概因地處荊棘，需要砍伐開道才能到達其地。後來多一「井」，表達開闢荊棘之後，挖井安居。「幵」則為「井」的訛變。

篆

荊 ㄐㄧㄥ jīng

金 篆 古

棘 ㄐㄧˊ jí

「朿」是有刺（木芒）的小樹，以兩個「朿」表達多刺的小樹叢。

篆

告 ㄍㄠˋ gào

在一個坑陷上插著標示牌，警告他人不要誤陷其中。

甲

金

篆

凶 ㄒㄩㄥ xiōng

一個坑陷，ㄨ是上面的掩蓋物。坑陷是凶險之地，所以有「凶險」的意義。

篆

疋 ㄕㄨ shū

腿部及腳趾頭。甲骨卜辭有「疾止」與「疾疋」，「疾止」偏重於走路時的腳疾，「疾疋」偏重於雙腳傷痛的問題。

甲

之 ㄓ zhī

一個人的腳站立在地平面上，以表示該地點。後借意指示代名詞。

甲

金

㞷 ㄎㄨㄤˊ kuáng

甲骨文的意義是「前往」，字形像一隻腳站在某種東西之上。

甲 金 篆

歰 ㄙㄜˋ sè

甲骨字形是多個同向的腳趾，表示人多擁擠、不能順利前進。小篆則表現出多隻腳而且方向不一致，表示「阻礙難行」的意思。

甲 篆

行 ㄒㄧㄥˊ xíng

一條交叉的道路。金文字形，因為書寫快速，變得歪斜。

甲 金

夂 ㄓㄨㄥ zhōng

腳趾在前，腳跟在後，表示從前面走來。有別於表現走路的「止」字，這是別有目的的腳步動作。

篆

久 ㄐㄧㄡˇ jiǔ

《說文》解釋為犯人的腳上加有刑具，行動緩慢，所以有「遲慢久長」的意思，或表達腳受過刖刑以致於行動緩慢。

篆

彳 ㄔˋ chì

從行道（ㄐㄴ）分解出來的字，和人的腿部無關。

甲 金 篆

亍 ㄔㄨˋ chù

十字路「行」字的右半。在甲骨文的構件中，「彳」、「亍」、「行」、「辵」經常是可以相互替換的。

甲 金 篆

徙 ㄒㄧˇ xǐ

金文表現出前後的腳步在行道上移動的樣子，所以有「移動」的意義。

金 篆 古

癹 ㄆㄛ pō、**址** ㄅㄛ bō、**撥** ㄅㄛ bō

甲骨文字形是一隻手拿著棍子伸往他人兩腳之間，妨害走路的步伐。棍子的形象類化為「攴」，所以原形是「癹」，「址」是省略的形式，「撥」則是增繁的形聲字形式。

甲 金 篆

道 ㄉㄠˋ dào

由「行」、「首」、「又」三個構件組成，表現一手拿著一個罪犯的首級在道路上行走，這是前導隊伍前往懸掛的地方，有「導行」的意義。後來才簡省成「辵」與「首」的組合。

金

途 ㄊㄨˊ tú

「余」與「止」的組合，「余」是使者所持拿、代表其身分形象的物品。意指外國來的使者，走的路是大道，不是可以隱藏身分的隱蔽小路。

甲

走 ㄗㄡˇ zǒu

一個人快步走路時，兩手前後上下擺動。

甲 金

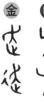

奔 ㄅㄣ bēn

在揮舞的雙臂之下，加上三個「止」腳步符號，表明是非常快速的奔跑，看起來有如多隻腳在跑的樣子。

金

遲 ㄔˊ chí

字形有兩部分，行道與兩個相背、一上一下的人形，可能表達背負另一個人或運輸重物的情況。因為背負重物，所以走起路來比起一般人的速度要緩慢，借來表達「遲緩」的意義。

甲 金

後 ㄏㄡˋ hòu

一根繩子綁在一個人的腳上。雙腳被綁住了，行動不方便，比正常人走得慢，所以有「晚」的意義。

甲 金

廴 ㄧㄣˇ yǐn

本是表現十字路的左半，後來字形訛誤，而字義則來自「延」（ ），為「行走」之意。

金 篆

延 ㄔㄢ chān（延）

一個腳步在行道上。行道是經過規畫、修整的大路，走起來非常通順，不像一般小巷坎坷難行，有「安步」的意義。甲骨文有「延長」的意義，也許來自政府修建的道路遠延綿長，不像一般小路，一下子就到盡頭。

甲 篆

夊 ㄙㄨㄟ suī

腳趾向下，表示緩慢行走。

甲　篆

泰 ㄊㄞˋ tài

兩隻手扶著一個大人，在有水的地面走動。有水地滑，表達「滑溜」的意義。

篆　古

衡 ㄏㄥˊ héng

一個人頭上頂著一個裝著重量的籃子（或罐子）。這個古字的下部是一個「大」（人），上部是「甾」的簡化。利用頭頂著器物，需要保持平衡，而表達「平衡」的抽象概念。

古　篆

婁 ㄌㄡˊ lóu

女人用雙手扶住頭上的一個器物。婦女會將陶罐頂在頭上運輸水，罐子還沒有充裝水的時候，是虛空且重心不穩的，以此表達「虛空」的意義。

金　篆

垔 ㄧㄣ yīn

金文字形是一人頭頂著竹籠。用竹籠裝砂石，填塞堤防，所以有「堙塞」的意義。

金 古 篆

疑 ㄧˊ yí

一個站立的老人張嘴、頭偏向一邊，後來加上手持拐杖的字形，表達老人迷了路而猶疑不前，有「遲疑未定」的意思。金文則加上了「牛」為聲符。

甲 金

䀠 ㄐㄩˋ jù

從「㑹」分解的字形。表現一個人因驚恐，兩個眼睛左右探視異狀。小篆則把側面形象改為正視的形象。

篆

臦 ㄍㄨㄤˋ guàng

（䁹）

以「臣」表現眼睛的不同方向，與「㑹」的創意相似，表現一個人因驚恐而轉頭，兩個眼睛左右探視的樣子。

甲 篆

6 行／水路交通

涉 ㄕㄜˋ shè

一前一後的兩個腳步，跨越一條水流。

甲 金

瀕 ㄅㄧㄣ bīn（頻 ㄆㄧㄣˊ）

一位貴族，面臨一條大河流（兩隻腳步都在河岸的這一邊）皺起眉毛思考是不是涉水過去。

金

舟 ㄓㄡ zhōu

一隻舟船的立體形象，是由很多塊木板編連起來、有艙房的船。

甲 金

朕 ㄓㄣˋ zhèn

「舟」的旁邊有兩隻手拿著一件工具，填塞船板間縫隙。後引申為一般的縫隙，再假借為第一人稱代名詞。

甲 金

弄 ㄓㄨㄢˋ zhuàn

雙手捧著一件細長的東西。在金文（銘文），這是玉圭，一種與施政有關的封賞物件，可以做為測量太陽光影的計時工具。到小篆時代，雙手拿的東西訛化成「火」，所以誤解為火種。

金　篆

刖 ㄨˋ wù

「舟」與「刀」的組合，表示在船上用刀劈砍東西，造成木板裂隙而進水。

篆

㲻（沒） ㄇㄛˋ mò

人沉沒於水中，漩渦中有一手上舉等待救援。

篆

砅 ㄌㄧˋ lì

字形是石頭與水，表示河流中有石塊，以便讓人踏石過河。

篆

氼 ㄋㄧˋ nì

人沉溺於水中。

沓 ㄊㄚˋ tà

以「水」、「曰」組合，指流水碰觸石塊或坑陷時激起的噪雜聲響。

𡿨 ㄑㄩㄢˇ quǎn

細小的水流，指灌溉耕田的小溝渠。

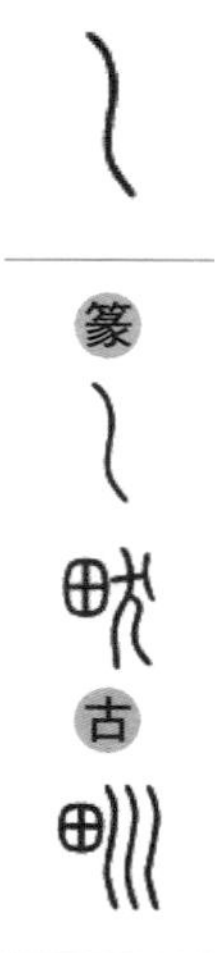

巜 ㄎㄨㄞˋ kuài

比溝渠稍寬的水流。

川 ㄔㄨㄢ chuān

一條有大量水流的河流。金文把中間的水點連成一線而成為三彎線的「川」。

ㄏㄢˋ 灘（漢） hàn

漢水是楚國的大河，古文以域內的大水會意。後來改換為「從水𦰩聲」的形聲字。

篆 古

ㄩㄢ 㴊（淵） yuān

有一定範圍的淵潭中的水波。先是增加水的符號，後來將淵的形狀分解成兩半。

甲 金 篆 古

ㄌㄧㄝˋ 𡿨 liè

水流（川）碰撞石頭一類阻礙物，不斷發出的聲響。

篆

ㄈㄢˊ 凡 fán

一面布帆。一般製作帆的材料是纖維織成的布，後來加上意符的「巾」而成為「帆」字。

甲

ㄗㄠˋ 造 zào

屋子裡有一艘船。創意可能來自造船廠，當船隻製造完成，就要進入水面航行了。後加上「告」聲，而演變出各種字形。

金

7 行／陸路交通

興 ㄒㄧㄥ xīng

四隻手前後抬舉一個擔架或肩輿。這個字表達的重點是抬起來的動作，所以被應用到一切有關「抬高」、「興起」的動作和形勢。

甲

金

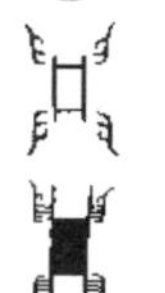

䙴 ㄒㄧㄢ xiān（遷 ㄑㄧㄢ）

以兩個人的四隻手共同抬起重物，讓另一個人背著，搬往目的地，所以有「登高」、「抬高」與「搬遷」的意義。

金　古

篆

輿 ㄩˊ yú

四隻手前後抬起一個在中軸上的圓形擔架。原本是指擔架上的「輿座」，後來也擴充意義，指稱有輪子的車的輿座。

甲

與 ㄩˇ yǔ

四隻手分別從兩端糾結繩索或擰乾溼布，所以有「共同參與」的意義。後來在下面加上填空的「口」。

金  篆 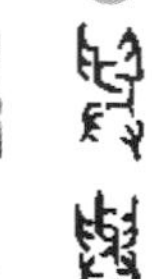 古 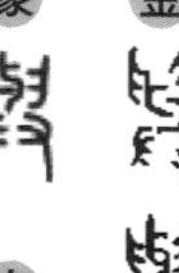

舁 ㄩˊ yú

自「輿」、「與」、「興」等字分解而來。四隻手一起工作某事。

甲  篆 金 

車 ㄔㄜ yǔ

一部車子，有兩個輪子、一個輿座、一條輈、一條衡、兩個衡上的軛、兩條轡繩。後來漸漸將比較不重要的部分省略，最後只剩下一個輪子的形狀 車 。

甲   篆 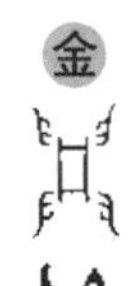 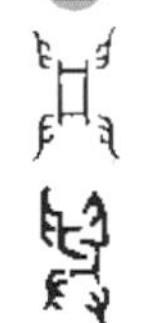

輦 ㄋㄧㄢˇ niǎn

（扶 ㄅㄢ）

金文是兩個人舉起雙手推動一輛有輪子的步輦。這種車可以使用很多人推動，聲勢壯觀，成為君王的經常性座駕。「扶」字則由「輦」字分解而來。

金  篆  

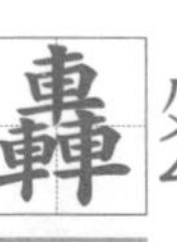 ㄏㄨㄥ hōng

以三車表達眾車行走在一起，形容聲勢浩大。

篆

⿰王車 ㄈㄨˋ fù

車子兩旁有「玉」，有可能是指車兩旁擋泥的車輪蓋，貴族為其裝飾金玉的圖案。

篆

軎 ㄨㄟˋ wèi

車輪一端有凸出的軸端。

篆

轚 ㄐㄧˊ jí

手拿槌子類的工具打擊釘子，以固定車輪與車軸的位置，所以有「打擊」的意義。

篆

戹 ㄜˋ è（軛）

車衡（轅）上控制馬行動的裝置，字形中的圓圈是繫繩的地方，但商代尚不見此字。後來引申有「險隘」的意義，隨字義分別成為「厄」、「軛」二字。

金

篆

綏 ㄙㄨㄟ suī

婦女用手（爪）拉上車的繩索（糸）。婦女不能如男子不顧形象就跳上車，需要有一條繩索來攀援登車。

篆 綏

轡 ㄆㄟˋ pèi

車兩旁控制馬行動的兩條（或多條）繩索。

篆 轡

舝 ㄒㄧㄚˊ xiá

字形有很大的訛變，從字義看，應是在車軸頭的地方插裝的釘閂，以防止輪子脫落。

篆 舝

軜 ㄋㄚˋ nà

一組利用拉繩控制馬的裝置。古代的馬車多只包含一組將輿座跟馬匹連結在一起的轅，而「內」則表現為與轅相接，套在馬頸上，控制馬匹速度的繮繩。

篆 軜

炃 ㄇㄢˇ mǎn

造型像馬額頭上的銅飾件，做為裝飾品。

篆 炃

銜 ㄒㄧㄢˊ xián

裝在馬兒口中，控制其行動的金屬物，是馬車於行道間必要的金屬物件。

篆

庫 ㄎㄨˋ kù

一部車在不設門戶的建築物下，是停放車子的庫房。

金

篆

軍 ㄐㄩㄣ jūn

「旬」的空間裡有一個「車」。軍的創意，或許是來自指揮官的馬車及運輸軍備的牛車周圍需要有武力保護。

金

連 ㄌㄧㄢˊ lián

由道路和車子的結構組成，可能是為防範強劫，而將車子連結在一起，前後相連走在道路上。後來就以相連的車隊來表達「連結」這個抽象意義。

篆

寇 ㄎㄡˋ kòu

甲骨文是一個強盜拿著棍子在屋裡從事破壞，小點表示被破壞物品的碎片。金文字形則轉變為「在屋裡用棍子毆打人」的形象。

甲

金

登 ㄉㄥ dēng

兩隻手扶住一個矮凳子，讓一雙腳步踏上去。這是古代上車的動作，借用來表達「登高」的意義。

甲 金

御 ㄩˋ yù （馭）

「御」有兩個字形。一形是一個跪坐的人與一條繩子，大概表達巫師用道具從事禳除災難的儀式，意義為「禳除」。一形是一個跪坐的人前有一小豎畫，可能是表現跪坐駕御馬車的姿勢，意義為「駕御」。兩形相近，誤合為一字，兼有兩個意義。「馭」字表現以手控馬，有「駕馭」的意義，所以又與「御」字合為一字。

甲 金

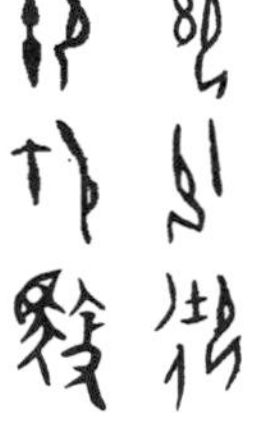

8 行／道路與行旅

律 ㄌㄩˋ lǜ

「律」，以「彳」（道路）與「聿」（手拿毛筆）構成。意指道路的建造需要謹慎計畫、小心修造，引申有「規律」、「法則」的意思。

甲

建 ㄐㄧㄢˋ jiàn

「建」，則多一個腳步，表示繪製的是供行走的道路藍圖。

甲 金

直 ㄓˊ zhí

眼睛上面有一條直線。木匠常將木料前舉，用單眼檢視是否筆直不歪斜，就借來創造「直」的抽象意義。

甲 金

德 ㄉㄜˊ dé

以行道（「彳」或「行」）加上「直」字，表達把道路修築得筆直以利車馬快速行進。這是一種值得嘉許的才德，引申為「心智與德行的高才」，所以加上「心」或「言」。

甲 金

得 ㄉㄜˊ dé

一隻手在行路上撿到一枚貝殼，是「大有所得」的意思。甲骨文也有省略行道的字形。

甲 金

永 ㄩㄥˇ yǒng

甲骨文字形是一條有分流的河川，在旁邊有一條道路。古時不便架橋，依合流的彎曲來築路就要繞大圈子，所以走起來路途長遠，因而有「長久」的意義。後加上水點或「止」，加強說明與水流及行路有關。

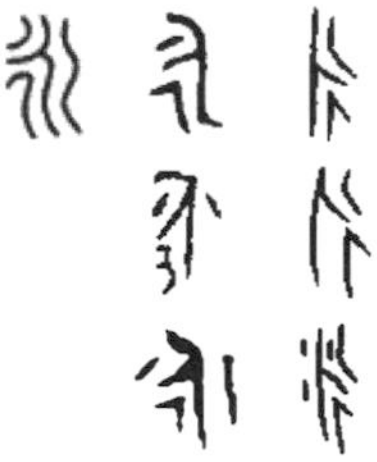

甲 金 篆

𠂢 ㄆㄞˋ pài

原先皆與「永」同字，後來成為分別字。取自大河容受眾流，多呈分支狀，而有「流派」的意義。

金 篆

衍 ㄧㄢˇ yǎn

大水漫淹行道，拖延通過路程的時間，所以有「盛多」、「溢出」、「推衍」的意義。

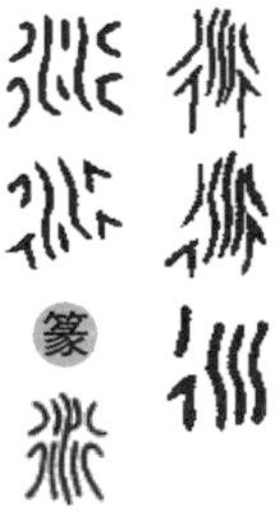

甲 金 篆

舍 ㄕㄜˋ shè

一個坑陷上插有一個牌子（「余」），是旅舍的告示牌。商人無法每天回自己家休息，而從外國來的使節，也需要有地方可以住，因此用插牌代表供旅人住的旅舍。

甲 金

余 ㄩˊ yú

「敘」、「舍」的構件，泛指各類標示，是使節旅行路上所持的標記，也是官員代表自己職位的標示。後來假借做為第一人稱代名詞。

甲 金 篆

敘 ㄒㄩˋ xù

一隻手拿著一個「余」形的標示物，以表示自己在序列中的位置，有事要報告時，便高舉之，而有「敘職」、「詮敘」等意義。

甲

丱 ㄍㄨㄢˋ guàn、關 ㄍㄨㄢ guān

推論「丱」字是從「關」字析出，表示大門已經上栓而關閉。

金 篆

五

器物製造

1 工具發明

聖 ㄕㄥˋ shèng

一個人 有大耳朵 ，表示此人有聽敏的聽力，能聽懂得神的指示（「口」）的領袖，能給社會帶來福利。

甲 金

聽 ㄊㄧㄥ tīng

一個耳朵旁邊有一或兩張嘴巴，表示能夠聽到眾人說話。

甲 金

堯 ㄧㄠˊ yáo

一個跪坐的人，頭上頂著一塊平板，平板上有多個土塊，表示某人有天生過人的力氣。

甲 篆

才 ㄘㄞˊ cái

三角錐代表測量角度的工具，以此表示有能力可以使用這種工具的人。

甲 金

藝 ㄧˋ yì

種植草木幼苗的人跪坐著，雙手拿著一株樹苗。後來加上植物的符號「艸」，又加上音符「云」，成為現在的楷書字形。

甲 金

爇 ㄖㄨㄛˋ ruò

一個跪坐的人，雙手拿著火把照明。手拿著火把，是太陽下山時刻常見的現象，借用來代表傍晚時段。

甲

制 ㄓˋ zhì

以一把刀修整枝條不齊的樹木，製作木器。字形中的樹的枝幹不整齊，旁邊還有小點，代表刀子刮下的木屑。

金

肇 ㄓㄠˋ zhào

一把兵戈需要經過以礪石磨利刃部的手續，才會變得銳利，開啟刀子的殺敵效用。因而有「開啟」的意義。

甲 金

剌 ㄌㄚˋ là

甲骨文的字形是以刀砍伐某種植物，金文慢慢訛變成有如從「朿」從「刀」，也就失去原有的創意。

甲 金 篆

敕 ㄔˋ chì

一手拿著棍棒打擊一個袋子，把袋子中的粗料打碎。假借為「教誡」的意義。

金 篆

㠭 ㄓㄢˇ zhǎn

四個「工」排列非常整齊，是某種技巧的展現，可能是砌牆。

篆

厶 ㄙ sī

「厶」有可能是犁頭的形狀，或許因為犁頭是私人的工具，不是讓眾人分享的，而成為「私」的意義。

篆

2 農業生產

農 ㄋㄨㄥˊ nóng

在樹木眾多的地方，使用蚌殼製成的工具，從事割除害苗以及收割等農耕工作。

甲 金

田 ㄊㄧㄢˊ tián

方正的框裡有四塊矩形的田地形，大多做為「田獵」或「農田」的意義。

甲 金

畺 ㄐㄧㄤ jiāng

兩塊田地形中間或有一道短畫，表示兩塊田地的擁有者不同，而有界線。是「疆」的初形。

甲 金

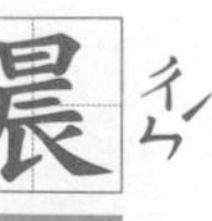

晨 ㄔㄣˊ chén

兩隻手在收拾準備收割功用的蚌殼工具。準備農具上工，是一早就得做的事，以此代表「早晨」。

甲 金

屮 ㄔㄜˋ chè

一株青草的形象。

甲 金

篆

卉 ㄏㄨㄟˋ huì

草卉眾多的樣子。

篆

苗 ㄇㄧㄠˊ miáo

小篆字形表現一塊耕田上所生長的是有意栽培的秧苗，不是一般的野草。

篆

茻 ㄇㄤˇ mǎng

草木聚集的樣子。

篆

薅 ㄏㄠ hāo

由四個構件組合，「艸」，「辰」，「手」，「山」。一隻手拿著一個蚌殼做的工具，在割除山坡上的雜草。

甲

蓐 ㄖㄨˋ rù

一隻手拿著一把蚌製的農具，在剪除雜草。「蓐」是指割下來的草，引申為以割下來的草編織成的蓆子。

甲

辱 ㄖㄨˋ rù

手拿著蚌殼製成的工具。有一說是因為士大夫瞧不起農人，而造此字為「污辱」的意思。

篆

耒 ㄌㄟˇ lěi

金文的字形是手扶著一把耕犁。小篆時，「手」訛變成三斜畫，而「犁」也類化為「木」。

金

篆

孛 ㄅㄛˊ bó

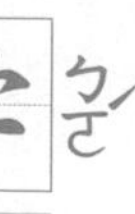

植物的芽冒出地面而外殼分裂。

篆

焚 ㄈㄣˊ fén

火焚燒森林。這是早期的農耕方式，稱為「刀耕火種」。

甲 金

耤 ㄐㄧˊ jí

一個人手扶著一把犁，抬起腳，踏著犁頭處，正在操作一把耕犁的景象。後加了「昔」做為聲符。

甲 金

方 ㄈㄤ fāng

一枝耒（古代挖土的工具）的下半部。在一根稍微彎曲的棍子上綁上一塊橫的木頭，做為腳踏的踏板，能將木棍的尖端刺進土中，挖起土塊。

甲 金

旁 ㄆㄤˊ páng

一把犁裝有一塊橫形木板（犁壁）。犁壁的作用在於把翻起來的土塊打碎，並把土推到兩旁，以方便耕作進行，所以有「近旁」、「兩旁」等意義。

甲 金

襄 ㄒㄧㄤ xiāng

雙手扶住一把犁，前頭有一隻牛拉著，揚起灰塵的耕田景象。

甲 金 古

𤕦 ㄋㄧㄥˊ níng

金文的字形很像一人手拿木棍，在監督著另一個頭上頂著一個籃筐要運土塊的人。

金 篆 籀

疇 ㄔㄡˊ chóu

一塊扭曲的土塊，受到犁壁阻擋而變形。這是耕作熟田時才有的現象，表示已整治過、耕作後的農田。

甲

劦 ㄒㄧㄝˊ xié

三把並列的「力」（簡陋的挖土工具），在一個「口」或「凵」（坑陷）上。很多拿著挖土工具的人一起工作，有「協力」的意思。

甲 金

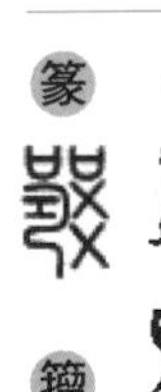
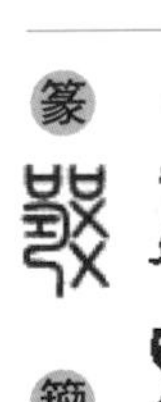

力 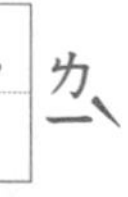 lì

從「協」字看，「力」是一把很古老的挖土工具，在一根木棍的下方綁上一塊腳踏板，是男子才使用的農業用具，因此借以表達「力量」。

甲 金 篆

協 ㄒㄧㄝˊ（叶）xié

由甲骨文可判斷「協」是以十人協力表意。古文省略了三個「力」而保留「十」與「坑」的部分。

篆 古

劣 ㄌㄧㄝˋ liè

「力」、「少」組合的會意字，意指體弱。

篆

𣎳 ㄏㄨㄚˊ huá

一根木頭上裝了兩把彎刃的犁。

甲 篆

男 ㄋㄢˊ nán

「田」與「力」組合，表達使用農具耕田是男子的責任。

甲 金 篆

勞 ㄌㄠˊ láo

小篆是火把與挖土工具的組合，表示不但白天工作，晚上還要點火把趕工挖土，非常勞苦。金文字形從「心」，大概表達有事勞心，要使用燈火照明，思考至夜晚。

金 古 篆

乃 ㄋㄞˇ nǎi

「乃」是甲骨文「艿」的構件（[illegible]），創意大致是表現使用耘草工具除草，後來借用為語詞。

甲 篆 金 古

刅（創） ㄔㄨㄤ chuāng

將犁刺入土中。容易和「刃」混淆，後來以形聲字「創」取代之。

金 篆

留 liú

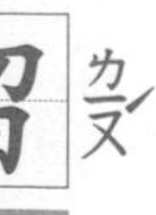

一塊田地旁邊有個彎曲形（木柱護堤的水溝），用來積留雨水、灌溉田地，有「積留」、「停留」、「留下」等意義。

金　篆

周 ㄓㄡ zhōu

田地裡有作物（四個小點），周圍有籬笆一類的設施保護，表達「周密」的意義。

甲　金

甫 ㄈㄨˇ fǔ、圃 ㄆㄨˇ pǔ

「甫」是「圃」的原始字形。人們在田裡種植的種子冒出土地、長出芽來。

甲　金

㐭 ㄌㄧㄣˇ lǐn、廩 ㄌㄧㄣˇ lǐn

用禾稈堆積起來的禾堆。

甲　金

嗇 ㄙㄜˋ sè

字形下面是禾堆，上方顯現一株小麥，造字者以堆積穀類作物的形象表達農村景象。表現非常珍惜穀粒，有「愛惜」的意義。

甲 金

廛 ㄔㄢˊ chán

堆放雜物禾桿之類的置物間，這是農家常見的景象。後來引申為農地的計算單位。

篆

秉 ㄅㄧㄥˇ bǐng

手持一束禾，是「秉持」的意義，也是禾束的數量詞。

甲 金 篆

啚 ㄅㄧˇ bǐ

在一個大範圍內的許多小農村單位，與製作農村的戶籍清冊，以及繪製圖籍的內容有關。

甲 金

圖 ㄊㄨˊ tú

在一定範圍內（囗）標明農村（啚）地點的圖籍，便利收稅之用。引申為「圖籍」以及「圖謀」。

金 篆

圣 ㄎㄨ kū

早期的字形是雙手拿著一把附有犁壁的犁在挖土。挖土使土鬆軟，是墾荒的基本工作，所以有「墾荒」的意義。後來省略犁壁的部分，變成以石斧挖土。

甲 金 篆

怪 ㄍㄨㄞˋ guài

「心」與「圣」的組合，表示「非凡」。加上「心」，表達「驚訝」之感。

篆

凷（塊）ㄎㄨㄞˋ kuài

土塊盛於籃筐中，方便搬運。

篆

𠳋（遣）ㄑㄧㄢˇ qiǎn

兩隻手拿起一塊土塊放進籃筐中，以便搬運到某個地方，所以有「遣送」的意義。金文加「辵」或「走」，加強「搬遷」的意義。

甲 金 篆

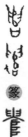

倉 ㄘㄤ cāng

描繪有屋頂 A，以及可以開啟的窗戶 日 建築形貌。早期的房子，只有一個進出口，「倉房」則是有門有戶的特殊建築。

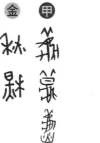

甲 金

秋 ㄑㄧㄡ qiū

「秋」在甲骨文有兩種字形：一種是描繪一隻昆蟲（蝗蟲）有兩根觸角，背上有翅膀；另一種則是加上「火」，被火燒烤的樣子。以春、秋之際撲滅危害農作物的蝗蟲，來代表「秋季」。

甲 金

[龜火] ㄐㄧㄠ jiāo

由「秋」字分解而來，是火烤蝗蟲的樣子，表示秋天的蝗蟲災難。蝗蟲外形接近龜，所以又可表示以火灼龜甲，顯現兆紋。

篆

 囷 ㄐㄩㄣ jūn

在一個範圍內堆積的禾堆。

篆

㦰 ㄐㄧㄢ jiān

由「戈」和前端有密齒的裝置組成，推測是除雜草用的農具。

甲

芟 ㄕㄢ shān

一隻手拿著工具除草。

甲 篆

𠌶（華） ㄏㄨㄚˊ huá

一株植物長了幾朵花。

金

舀 ㄧㄠˇ yǎo

一隻手在臼中，把已舂打的穀粒掬取上來。

金 篆

⿱臼米 ㄐㄧㄡˋ jiù

「臼」與「米」的組合，表現將已脫殼的米粒在臼中舂搗，得到精米，所以有「精米」的意義。

篆

暴 ㄆㄨˋ pù

此字可以分析成「日」、「出」、「廾」、「米」四個構件。以雙手散播出米粒，使曝晒於日下乾燥，所以有「晒太陽」的意義。古文字形「從日麃聲」，成為形聲字。

篆

古

暴 ㄆㄨˋ pù

可能是曝晒米粒的「㬥」字的訛變，因曝晒而有「急躁」的引申義，因此兼有「曝晒」與「急躁」兩層意義。

篆

燊 ㄕㄣ shēn

此字表達的意義有兩個可能，一是表現樹上的花盛開，一是表現火把的火耀亮，有如多支火把同時燃燒。

篆

㼌 ㄩˇ yǔ

字形是兩「瓜」相並，意義是「微弱」，推測是表達一藤結兩個大瓜，不勝重負。

篆

枼 ㄧㄝˋ yè

一株樹的樹枝上有許多葉子。

甲 金

亙 ㄍㄣˋ gèn

甲骨文有兩個字形，原形大致是弓內有一物，另一個省略弓的形狀。從使用的意義看，大致表現製造弓時需要有某種工具，長久固定住弓體的彎度，所以才有「恆久」的意義。

甲 金 篆 古

疌 ㄐㄧㄝˊ jié

用手拔除有長鬚根的雜草狀。在這種情況下用手較捷快，用工具反而慢。

篆

朿 ㄕㄨˋ shù

一個袋子兩端束緊的形狀，表達「束緊」的意思。

甲 金 篆

朿 ㄘˋ cì

造字創意可能是有刺的植物。

甲 金 篆

ㄗˇ zǐ

多株的禾綑綁成一束，方便運搬，也是計算禾束的單位。

甲 篆

毒 ㄉㄨˊ dú

某種有毒的塊莖，上部分是植物的莖葉。

篆 古

棗 ㄗㄠˇ zǎo

以「束」字重疊，表現密集種植的小棗樹叢，有別於並列的「棘」字。

金 篆

臿 ㄔㄚ chā

雙手持拿尖狀工具向上刺突，導致有碎塊墜下來。

甲 篆

兼 ㄐㄧㄢ jiān

一隻手兼拿多把的禾。

金 篆

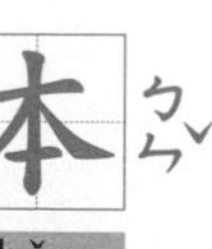

本 ㄅㄣˇ běn

指事字。在樹木的下端使用一點或短的橫畫，來指示樹木的根本，就是「本」。在樹木的上端使用一點或短的橫畫，來指示樹木的末端，就是「末」。

金　篆

末 ㄇㄛˋ mò

金　篆

朱 ㄓㄨ zhū

木字中間有一小點，用來指出樹木的中心。「朱」的本義是「株」，後來被假借為「朱」（紅色）。

甲　金

耑 ㄉㄨㄢ duān

剛長出的樹苗，帶著根鬚的形狀。根鬚旁的小點，是黏附在根鬚上的土屑，表示植物被拔了起來。

甲　金

韭 ㄐㄧㄡˇ jiǔ

並排生長的韭菜。

篆

刃 ㄖㄣˋ rèn

指事字。「刀」上一直線，表現「刃」的位置。

甲

篆

分 ㄈㄣ fēn

用一把刀把一個物體切成兩半。

甲 金 篆

蔥 ㄘㄨㄥ cōng

描繪出蔥膨大的根部。在西周銅器的銘文中，是做為「聰明」之意。

金

果 ㄍㄨㄛˇ guǒ

一株樹上結有一個圓形果實，點與畫更說明果實裡頭含有滋味，可以食用。

金 篆

𠂹（垂） ㄔㄨㄟˊ chuí

沉重的果實使得樹的枝葉下垂。

甲

篆

瓜 ㄍㄨㄚ guā

一顆果實垂掛在藤蔓下，表現結實的瓜果。

金

篆

栗 ㄌㄧˋ lì

樹上結有許多外觀如刺的果實。

甲

金

艸 ㄘㄠˇ cǎo

小草叢生。

篆

臼 ㄐㄧㄡˋ jiù

從舂字可以理解，「臼」字是搗穀脫殼所使用的容器，裡頭的米粒還黏附在臼壁上。《說文》解釋為：「古者掘地為臼，其後穿木石。」非常正確。

金

篆

條 ㄊㄧㄠˊ tiáo

甲骨文字形是一棵樹有很多彎曲的枝條，可能是秋天樹葉掉落的形象。後來加上聲符「攸」而成「條」。

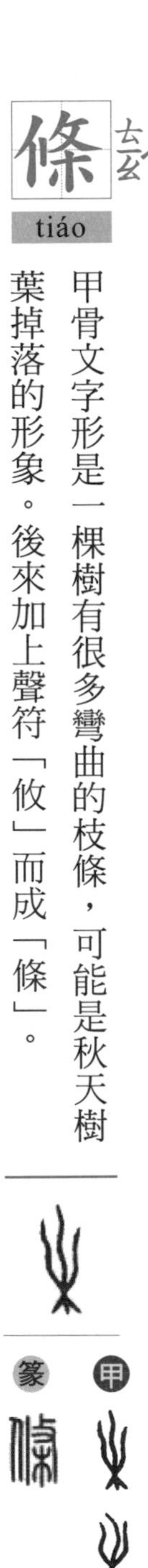

甲　篆

杏 ㄒㄧㄥˋ xìng

以字形表現出特殊的果實。《說文》以為是「從木，向省聲」。

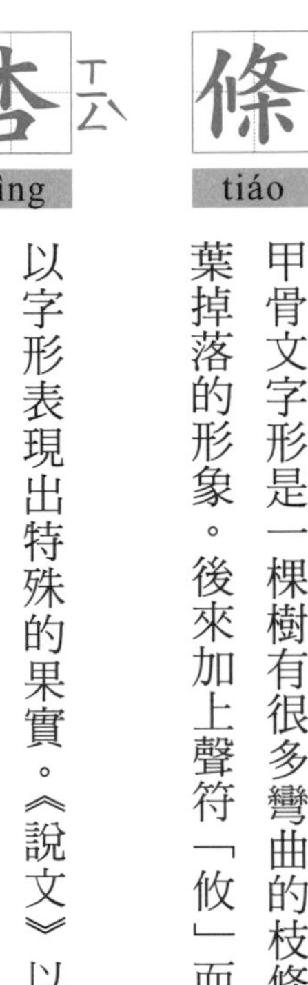

甲　篆

某 ㄇㄡˇ mǒu

一棵樹上有「甘」字形象。本義是「梅」，假借為「謀略」之意。

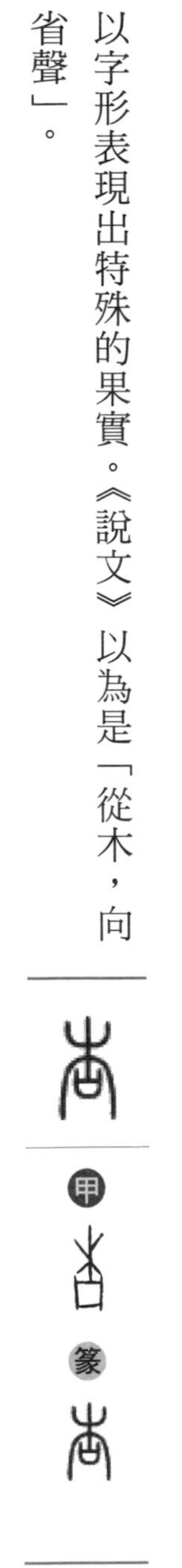

金

乂 ㄧˋ yì、刈 ㄧˋ yì

雙手拿著一把摘取水果的工具，摘了一個果實。後來，「乂」加上一把刀，成為「刈」。

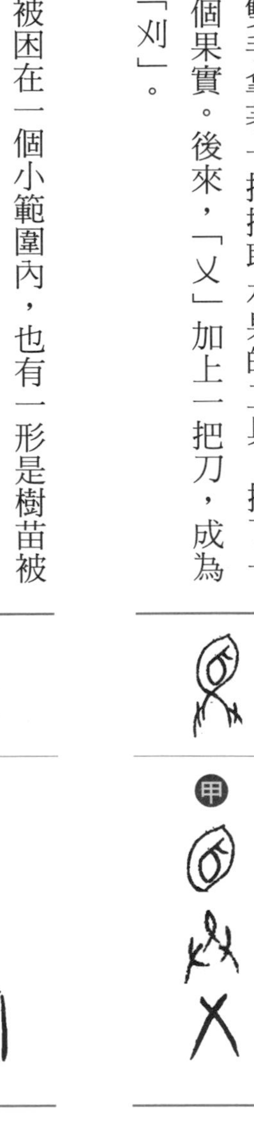

甲

困 ㄎㄨㄣˋ kùn

一形是一棵樹被困在一個小範圍內，也有一形是樹苗被腳踩住，沒有空間可以充分成長，表現「困難」、「困頓」的意義。

甲

柳 ㄌㄧㄡˇ liǔ

由「木」與「卯」兩個構件組成。溝渠水道旁的植物。

甲 金

暭 ㄧㄝˋ yè

陽光照射下的花生長茂盛，借以表達「旺盛」的狀況。

篆

皣 ㄧㄝˋ yè

以白色的花表意。

篆

㶣 ㄔㄢˊ chán

以火燒烤某物，代表某種以慢火燒烤的製造業，所以有「小火」的意義。

篆

敄 ㄨˋ wù

一手持棍搥打某種東西，大概是搥打麻稈以分離其表皮，取出可以織布的麻皮。引申為「事務」、「業務」。後來字形訛變為從「矛」。

金 篆

祇 ㄓ zhī

金文的意義是「祇敬」，推測是由「抵」字假借而來。創意是在排列筐籃的時候，習慣以覆蓋的筐籃底部，安抵一個正向框籃的底部。小篆則改為形聲字。

金　篆

3 器物製造

石器

石 ㄕˊ shí

岩石銳利的稜角，加上一個坑陷。表達石器的用途，主要是在挖掘坑洞。

甲　金

厂 ㄏㄢˇ hǎn

原先是有角稜的石塊形，因崖岸多為石質，使用為「崖岸」的意義。為了不混淆，「石」字加了坑陷形加以區別。金文則加「干」的聲符。

甲　金

篆　籀

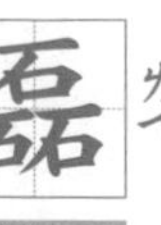

磊 ㄌㄟˇ lěi

很多石頭的樣子。

篆

磬 ㄑㄧㄥˋ qìng

手拿著敲擊工具，打擊被懸吊在架子上的石磬，以發出聲響。

甲

玉 ㄩˋ yù

將玉片用繩索穿繫起來，成為玉飾。

甲 金

圭 ㄍㄨㄟ guī

「圭」是以日影測量時間的裝置。本來應該作「⊥」（插在地面的標竿）與其倒影「丅」，字形的演變常律，「⊥」變成「土」，「丅」也成土相疊而成「圭」。古代常以玉圭授予貴族，做為測量時間的統治者形象，所以後來創造出從玉的「珪」。

金 篆 古

瑁 ㄇㄠˋ mào

金文的字形是「玉」與「面」的組合，創意可能是指用來覆蓋玉的用具，好像人的覆面之紗。

金　篆　古

蕊 ㄖㄨㄟˇ ruǐ

一條絲線上有三結的垂飾。「心」即是繩結的模樣，可能是串聯玉珮的絲穗形象，且這個字應該倒著看。

篆

曶 ㄏㄨ hū

一件有刻紋的長方形玉珮。

篆　籀

璞 ㄆㄨˊ pú

深山內，有人手拿著一把挖掘的工具，旁邊有一塊玉與籃子。表現挖掘玉璞的作業情形。

甲

珏 ㄐㄩㄝˊ jué

兩串玉片並列，是計算玉珮數量的量詞。

甲

弄 ㄋㄨㄥˋ nòng

在山洞裡以手把玩一塊玉。表現挖掘到質量高的貴重玉璞，喜不自勝的把玩。

甲 金

骨角器

骨 ㄍㄨˇ gǔ

一塊動物肩胛骨的形狀。牛肩胛骨在商代最大用途是占卜解惑，表示古人認為骨頭有神靈，可以幫助人們解決困難。

甲

角 ㄐㄧㄠˇ jiǎo

「角」，畫的是牛角，代表「角質」、「尖角」；「解」，

甲

金

解 ㄐㄧㄝˇ jiě

是雙手要把牛角拔起來的模樣。牛角是古代很有用的材料，剖取牛角在當時常見。而後假借為「分解」、「解析」的概念。

甲

金

竹材加工

竹 ㄓㄨˊ zhú

兩枝下垂的竹枝與葉子的形狀。

甲 金

互 ㄏㄨˋ hù

一種糾繩的工具，把兩個絞盤往不同方向轉動，中間的繩索自然糾結成為繩子，所以引申有「相互」的抽象意思。後來加上「竹」的符號，或許意指工具的材料是竹子。

篆

其 ㄑㄧˊ qí

這是簸箕的象形字，用途是傾倒廢棄物，大多以竹皮編織而成。

甲 金

匚 ㄈㄤ fāng （框 ㄎㄨㄤ）（筐 ㄎㄨㄤ）

由木頭所剜挖出來的容器。以木頭為材料的，寫成「框」；竹編的，寫成「筐」。

甲 金

曲 ㄑㄩ qū

一件九十度角的彎曲器形側面圖，是竹編的籃框類器物，借以表達「彎曲」的抽象意義。

金

甾 ㄗ zī

以竹皮或藤條所編織的容器形狀。延伸出去的三條線，是表示編織材料的末端沒有修整整齊。

甲

西 ㄒㄧ xī

字形由「甾」而來。由 變為 ，再變成 ，最後成為 。

金

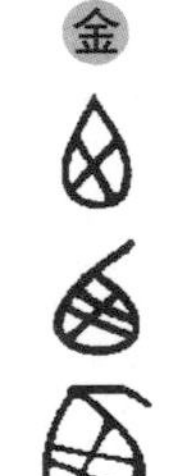

弗 ㄈㄨˊ fú

看起來是表現某種器物製作的過程，需要綑綁起來使保持一定的形狀。後假借為否定詞。

甲 金 篆

筋 ㄐㄧㄣ jīn

以「竹」、「肉」、「力」組合，表達肉塊中有筋，韌硬有力，好像竹子有堅韌的纖維狀。

篆

林材加工

木 ㄇㄨˋ mù

樹的一般形象，上為枝葉，下為根柢。

甲 金 篆

丂 ㄎㄠˇ kǎo

表現的形象有多種可能，常見的有斧類打擊工具的柄、承接熱食的架子、背重物的背架、觀測日影的支架。從使用的意義看，推測是已經修整的木柯工具。後來以「口」填充空間成為「可」字。

甲 金 篆

何 ㄏㄜˋ hè

一個人以肩膀擔荷東西。本來表現用手抓住扁擔的一端，也有寫成前後兩端都有東西的樣子。後來借用為語詞，因此改為「荷」加以分別。

甲 金 篆

乖 ㄍㄨㄞ guāi

小篆字形，表現樹根根部糾結的狀態。表示不順暢的狀況。

篆

巨 ㄐㄩˋ jù

金文是一人手拿著一把畫直線的工具形，簡化後把手指與工具連在一起。引申為「巨大」之意，可能和工具的尺寸大有關。

金 篆 古

冓 ㄍㄡˋ gòu

表現兩根木柱相交結的結構，借以表達「結構」與「交媾」。

甲 金 篆

再 ㄗㄞˋ zài

看來與「冓」字（[glyph]），削尖的木材有關，像是削尖的木頭上頂著某物。有可能要連接兩根木頭時，除削尖之外，還得加上黏著劑，所以才有「再次」的意義。

甲 金 篆

弋 一ˋ yì

首見金文，初形可能是，削尖有杈的樹枝形狀，可以用來插入土中做為某種標識用途。

金 篆

般 ㄆㄢˊ pán

可能是「盤」的字源，表現一手拿著工具在製作木盤的樣子。木盤不容易被摔破，很多場合比陶盤好用。

甲 金 篆 古

相 ㄒㄧㄤˋ xiàng

一隻眼睛在檢驗一棵樹的模樣，有「檢驗」、「判斷價值」的意思。

甲 金

匠 ㄐㄧㄤˋ jiàng

「斤」在工具箱裡，代表木工工匠。

篆

医 一 yī

一隻箭在箱子裡。尖銳的箭頭是古代醫生用來刺膿的用具，借以表達醫生的職業。後來加上「殳」及「酉」（酒）成「醫」，都是治病的工具。

篆

折 ㄓㄜˊ zhé

一把斧斤把樹木橫向砍成兩截。砍斷的兩段木料，漸漸演變為相同方向的兩個「屮」字形。

甲 金 篆

析 ㄒㄧ xī

手持一把斧斤，對著一棵樹縱向切割，將木材處理成不同厚薄的木板。

甲 金

刀 ㄉㄠ dāo

像一把有柄的刀形，也用於表達耕犁或刺紋的工具。

甲 金 篆

氏 ㄕˋ shì

字形是某種工具的形狀。後來假借為語詞與「姓氏」的意義。

甲 金 篆

票 ㄆㄧㄠ piāo

雙手拿東西在火上燒烤，火焰飛揚的樣子。

篆

斬 ㄓㄢˇ zhǎn

以「車」與「斤」組合，表現使用斧斤砍取合適的木材來製造車子。

篆

柙 ㄒㄧㄚˊ xiá

古文字形，像是一個裝東西的箱子形。

篆

古

片 ㄆㄧㄢˋ piàn

把木分成左右兩半，也就是使用斧斤將木幹縱向切割成為木板。

篆

乍 ㄓㄚˋ zhà

一把刨刀的形狀，下端上翹的部分表現手把，前端是用以拋光刮起的木屑。意義是「建築」一類的工程。

甲　金

丯 ㄐㄧㄝˋ jiè、㓞 ㄑㄧㄚˋ qià

古代立契約時，會在寫字的木牘上用刀刻上記號，然後各持契約的一半，做為日後驗證的憑據。「丯」為「㓞」所析出，兩者皆表現刻識的記號。

甲　金

篆

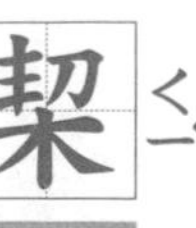

栔 ㄑㄧˋ qì

應該是「㓞」的衍生字，加上「木」，說明用刀在木板上刻識記號，做為日後驗證的契約憑據。

篆

枚 ㄇㄟˊ méi

一棵樹與拐杖的組合。樹的枝條會在交接處，自然形成木柄的轉折形狀，可以直接利用做為斧斤的木柄，也可以做為幫助行走的拐杖。

甲 金

帚 ㄓㄡˇ zhǒu

掃把。用已枯乾的小灌木，綑紮成為可以拿在手裡的用具，利用前端的枝枒打掃地面。

甲 金

桼 ㄑㄧ qī

一棵樹的外皮被割破，汁液流出的模樣。是指採集漆樹的漆液，用來使木器增加光彩。

金 篆

患 ㄏㄨㄢˋ huàn（串 ㄔㄨㄢˋ）

一枝東西串穿幾件東西的形狀。延伸出憂患的「患」字，「從串聲」，加「心」表示一種心情。

篆 古

共 ㄍㄨㄥˋ gòng

兩個人的手共同舉起一件重物。

甲 金 篆 古

4 皮革業與紡織業

皮革業

革 ㄍㄜˊ gé

象形字。將一張動物表皮撐開晾晒，皮革經過晾晒變硬，頭部、身部、尾巴都表現得清清楚楚。

甲

金

䨣 ㄍㄜˊ gé

是「霸」（月光）的聲符表現，一塊皮革在雨下的樣子。這是古代製皮革的方式，任獸皮被雨淋以去其雜質，可簡省人工。

金　篆

克 ㄎㄜˋ kè

皮 ㄆㄧˊ pí

一隻手拿著克形　的皮革製盾牌武器，兼具攻擊與防備功能。借以表達「克服」、「勝任」等意義。

金　篆

金　篆

柔 ㄖㄡˊ róu

手拿著一塊皮在木樁上來回用力拉撐，進行使皮革軟化的加工。

篆　古

㞋 ㄋㄧㄢˇ niǎn

可能是「柔」字的上半部分。用手在木柱上揉皮，使皮變柔軟的樣子，所以有「柔皮」的意義。

甲　篆

甍（軟） ㄖㄨㄢˇ ruǎn

上半為帽子形，下半為軟皮。柔韋（軟皮）以製作帽子。後來被「輭」取代了，便看不出與「柔皮」的意義有關。

篆

㕞 ㄕㄨㄚ shuā

一手拿著刷子或手巾，刷洗某樣東西，所以有「洗刷」的意義，有可能是在刷洗一張皮革。

篆

反 ㄈㄢˇ fǎn

創意來自需要用手翻轉毛皮一類的材料以製造器物，因此而有「相反」的意義。

甲 金 篆 古

冄 ㄖㄢˇ rǎn

以某種器物有很多毛，來表達毛髮繁盛。

金 篆

壴 ㄓㄨˋ zhù

一座鼓，下方有架子可以立於地面，鼓的上方有分叉，除裝飾作用外，還可安置鼓槌。

甲 金

鼓 ㄍㄨˇ gǔ

一手拿著鼓槌，敲打豎立的鼓。原是指打鼓的動作，後來兼有「鼓樂器」的意思。

甲 金

彭 ㄆㄥˊ péng

一座鼓的旁邊有三道短畫，表達短促而有力的鼓聲。

甲

賁 ㄅㄧˋ bì

字形像是某物具有多件繁盛裝飾的樣子，或許是供祭的鼎有插花一類的裝飾，也或許是鼓一類的用具。

篆

尌（樹） ㄕㄨˋ shù

以手安置豆形容器上的植物，可能是為了祭祀的目的。

甲 篆

紡織業

予 ㄩˇ yǔ

甲骨文還未見這個字，金文見於「野」字的聲符，可能是織布的工具杼子，用於把緯線織到經線上。

金 篆

巠 ㄐㄧㄥ jīng

描繪織機的經線已經安裝好，接下來使用梭子把緯線穿過經線，便能開始織布。

金　篆

幾 ㄐㄧˇ jǐ

可以坐著用腳踏板控制經線開闔的織機。

金　篆

絲 ㄙ sī

兩條絲線並列。蠶所吐出絲非常細，不適合直接紡織，需要先把三條絲線糾捻成一股較粗的線，才好上機紡織。

甲　金

糸 ㄇㄧˋ mì

麻類纖維糾結的線。

甲　金

系 ㄒㄧˋ xì

用手整理數股絲線成為一個系統。要把細絲捻成較粗的線，才能夠織布。

甲　金　篆　籀

幻 ㄏㄨㄢˋ huàn

字形像是吊著一段絲線，後來字形分離而成「幻」。

金

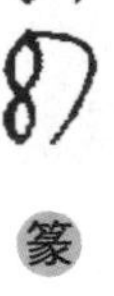
篆

紹 ㄕㄠˋ shào

用一把刀切斷繩索以便重新接續，所以有「接續」的意義。後來刀下增加了一個「口」做為裝飾，變成形聲字。

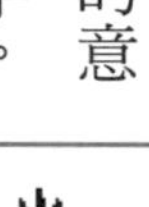

甲 金 古 篆

繼（𢇍） ㄐㄧˋ jì

從金文字形看，「繼」與「絕」是一字的正反字形。絲線纏亂了，快速的方法是剪斷再接上，同時兼有「斷絕」與「接續」的意義。後來為了分別，加「糸」，成為「繼」。

金 篆

絕（㡭） ㄐㄩㄝˊ jué

甲骨文是一串絲線被切斷的樣子。金文把斷線連成像是刀字形。古文常正反向不分，「絕」的反向是「繼」，亂絲要切斷，重新接續，可見兩字出處相同。

甲 金 古 篆

 斷 ㄉㄨㄢˋ duàn

金文的字形是以刀剪斷紡磚上的線來表意，小篆則改以伐木的「斤」來斷絲線。

金 古 篆

𤔔 ㄌㄨㄢˋ luàn

雙手分別在線軸的兩端，整理紊亂的絲線。因為亂了，所以要「治理」。「亂」字同時也有「紊亂」與「治理」兩個相反的意義。

金 篆 古

丩 ㄐㄧㄡ jiū

表現兩物相互勾結、糾纏的狀態。

甲 篆

叕 ㄓㄨㄟˋ zhuì

線索相互綴連的樣子。

篆

纍 ㄌㄟˊ léi

一條線上繫掛很多的東西的樣子，有「不勝負荷」的感覺。

篆

叀 ㄓㄨㄢ zhuān

一個紡磚或紡錘（字下面的三角形或圓圈），上面繞著三股纏結的線。

甲 金 篆 古

惠 ㄏㄨㄟˋ huì

以「心」與紡磚組合。心智足以使用紡磚織布，是細心又聰明的人。

金 篆 古

專 ㄓㄨㄢ zhuān

手拿著纏滿了線的紡磚。在紡織之前，要先把絲線纏成一錠，需要專心，否則會亂了線而織錯花紋。

甲 金

茲 ㄗ zī

指事代名詞，借用兩束絲線來表示。

甲 金

桑 ㄙㄤ sāng

一株桑樹的形狀。

甲 篆

喪 ㄙㄤˋ sàng

一棵樹的枝芽之間有一到四個「口」，描繪採摘桑葉，桑樹枝間掛有籃子的情景。後來假借為「喪亡」的意義。

甲 金

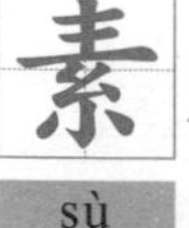

素 ㄙㄨˋ sù

雙手拿著一條尚未修整好的絲線的模樣。邊緣不整齊是布帛初始的狀態，引申為「尚未加工」。

金 篆

索 ㄙㄨㄛˇ suǒ

兩隻手在編織一條繩索，而繩索的一端有三個線頭。

甲 金

緜 ㄇㄧㄢˊ mián

「帛」的質料以蠶絲紡織而成，其絲線的質料細緻，用以代表織線綿密。

篆

㬎 ㄒㄧㄢˇ xiǎn

在日下晒濕的絲束。或是從「顯」字分解出來，表現耳環受到日光照射而反光閃爍。

篆

顯 ㄒㄧㄢˇ xiǎn

創意與「㬎」字類似，表現太陽照射在貴族（頁）頭上，反射出珠玉的閃亮裝飾。高貴的人才會配戴長串的耳飾，所以有「顯要」、「光顯」的意義。

金 篆

濕 ㄕ shī

古代利用流水來溶解絲束的雜質。字形表現剛從水流中取出的漂絲，尚未乾燥。

甲 金

篆

緁 ㄐㄧㄝˊ jié

糾合數股細線成為較粗的線以便紡織。

篆

玄 ㄒㄩㄢˊ xuán

一束絲束。費工多次才染成的赤黑色，是古代受到喜愛的顏色，也許是取常見的布帛顏色來表意。

金 古 篆

巠 ㄐㄧㄥ jīng

用手拿「壬」，「壬」本是繞線器的形象，此字以熟悉紡織的作業取意。

篆

浾 ㄔㄥ chēng

用赤水表達棠棗的紅色汁液。

篆

赫 ㄏㄜˋ hè

以二「赤」強調大紅的顏色。

篆

希（稀） ㄒㄧ xī

《說文》沒有收「希」字，但透過「從禾希聲」的「稀」字，理解這是表示布的織孔大，表示「稀疏、不緊密」的意思。

篆

繭 ㄐㄧㄢˇ jiǎn

小篆字形已有所訛變，但仍可看出是表現繭中的蠶蟲提供織絲，而線綻是由繭抽出的。

篆

古

5 陶土業與金屬業

陶土業

土 ㄊㄨˇ tǔ

上下尖小、中腰肥大的土堆形狀，一旁有水滴，強調它可捏塑、燒結成形的價值。

甲

金

缶 ㄈㄡˇ fǒu

由一個容器和一把製作陶器的陶拍組合而成，強調是用陶拍加工成形的陶器。

甲

金

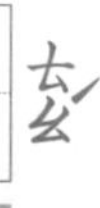

匋、陶

ㄊㄠˊ táo

一個人（陶工）蹲坐著，手持細長的工具（陶拍）處理一塊黏土。

甲 金

窑、窯

ㄧㄠˊ yáo

在洞窟一類的地方燒製陶器的設施。

金

篆

金屬業

金

ㄐㄧㄣ jīn

「金」是鑄造器物的一套模型，表現以模型鎔鑄銅器的概念。

金

全

ㄑㄩㄢˊ quán

與「金」字的字形相近，表達模型已經套合可以澆鑄，或已經澆鑄，但尚未用刀開剖，引申為「完好狀態」。

篆 古

鑄 ㄓㄨˋ zhù

雙手傾倒一個器皿裡的銅液到另一個器皿中，表達鎔鑄器物的操作過程。

甲 金

釗 ㄓㄠ zhāo

古文字形是用刀割斷細縛在模型上的繩索，剔除泥土，取出鑄成的器物。

篆 古

割 ㄍㄜ gē

而金文則是用刀把一件東西分割成兩半都是剖開模型取出成品的意思。

金

害 ㄏㄞˋ hài

從「割」字來推論，是將已經澆鑄的型範冷卻後，割破以便取出鑄器，所以有「傷害」的意義。本來應該表現被割破成上下兩半 ，後來為了書寫方便，就連接起來 。

金 篆

哲（嚞）ㄓㄜˊ zhé

意符包括心臟，與思想與感情有關；言，是長管喇叭，代表「言論」；表現在砧上鍛打鐵器，代表與鑄造有關。整體結構是表達高深而專門的知識。

金　古

匀 ㄩㄣˊ yún

金屬錠的形狀，為方便計算劑量，每個個體都有一定大小，很均勻。後以「旬」為聲符而成形聲字。

金　篆

晉 ㄐㄧㄣˋ jìn

兩枝箭在一個日形的東西上。表達用鑄造箭鏃、器鐓的雙片模型，是表意字。

甲　金

臸 ㄐㄧㄣˋ jìn

從「晉」字分解出來。兩片左右或上下排列的箭鏃。

金　篆

嚴 ㄧㄢˊ yán

手拿工具在山中挖掘礦石。引申有「嚴格」、「嚴峻」的意義。

金

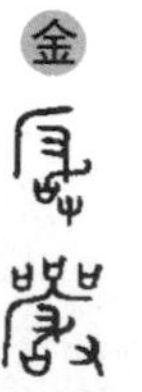

敢 ㄍㄢˇ gǎn

挖礦工人的形象。挖礦是非常辛苦而危險的工作，需要相當的膽量，藉此表達「勇敢」、「果敢」的意義。

金

深 ㄕㄣ shēn

一個人在穴中，張口呼吸而流冷汗的情景。是發生在礦坑深處的現象，因而有「深」的意義。

金

穴 ㄒㄩㄝˋ xuè

有木架結構支撐的礦穴形狀。

篆

岑 ㄘㄣˊ cén

山中的礦坑，既深入地下且多歧道的樣子。

篆

敻 ㄒㄩㄥˋ xiòng

小篆表現一人在礦穴中，手拿挖掘工具與木盤在從事挖掘，而穴外有一人在接應。這是採礦與採玉的情況。

篆

窅 一ㄠˇ yǎo

坑道深邈，常深入地下幾百公尺。「目」也許是表現礦井多層的結構。

篆

穿 ㄔㄨㄢ chuān

字形是穴道中有「牙」，表現用工具在開鑿穴道，或是開鑿窯洞做為家居。

篆

丹 ㄉㄢ dān

開採紅丹的礦口形狀。

甲 金 古 篆

青 ㄑㄧㄥ qīng

顏色如青草的礦物。早期的顏料都是利用取自天然礦石的顏色。

金 篆 古

彤 ㄊㄨㄥˊ tóng

由「丹」衍化出來。「丹」是紅顏色的石礦，「彡」則為裝飾品。

金 篆

复（復）ㄈㄨˋ fù

一隻腳在操作一個鼓風袋的樣子。鼓風袋的操作，是利用壓縮皮囊，反復把空氣送入煉爐，幫助燃燒，提高溫度。因此有「反復」、「往復」的意思。

甲 金

呂 ㄌㄩˇ lǚ

兩塊經熔煉的礦石，意義與「鑄造」有關。

甲 金

厚 ㄏㄡˋ hòu

表現坩鍋的使用方式。由於坩鍋的器壁遠比較一般容器的器壁厚很多，借用來表達「厚度」的概念。

甲 金

則 ㄗㄜˊ zé

一個鼎與一把刀的組合。銅器的美觀（鼎）或鋒利（刀），取決於銅與錫合金的比例，因而有「準則」、「原則」等意義。

甲 金

錫 ㄒㄧˊ xí

由三部分組成，「金」表示金屬類，「易」可能是音符，另一個元素則是錫錠的形象。

金

段 ㄉㄨㄢˋ duàn

一隻手拿著一把工具，在山中挖掘到兩塊金屬錠。挖掘礦石需要用工具在山石上敲打，所以有「敲打」的意義。

金

剡 ㄖㄨㄟˋ ruì（銳）

籀文的字形是一把刀在爐火中加熱的樣子，這是把鐵鍛打成鋼的動作。鐵經過鍛打後可以增加硬度，即銳利度，所以有「銳利」的意義。本是鍛鐵的工序，後來也應用到銅武器上。

篆 籀

叚 ㄐㄧㄚˇ jiǎ

金文的字形像是雙手正在從事某種可能和皮革製造相關的工作。

金 篆 古

柬 ㄐㄧㄢˇ jiǎn

表現袋中有東西。將材料裝入麻袋放入水中，讓水慢慢溶解雜質而得到精純的品質，有「揀選」的意義。

金

鐵 ㄊㄧㄝˇ tiě

是「戜」的早期字形，也是「鐵」的字源。表示在砧（呈）上鍛打武器（戈）。

銘

冶 ㄧㄝˇ yě

由刀、火，金屬渣、砧構成，指有關鍛打鐵器的技術。

金

吉 ㄐㄧˊ jí

鎔鑄模型已經套好了，放置在深坑中。放在坑中能使冷卻速度變慢，如此能使鑄件更美觀，引申有「美善」、「良好」的意義。

甲 金

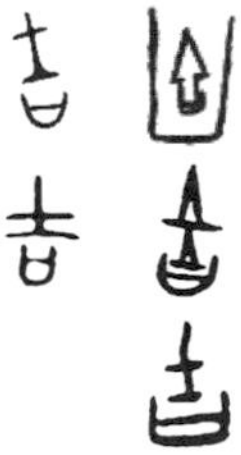

6 貨幣與商業活動

市 ㄕˋ shì

長竿上高高懸掛著旗幟，讓人遠遠就望見，知道市場開張了，可以去交換物品。

甲 金

質 ㄓˊ zhí

以兩把石斧的「斤」，交換一個海貝的交易行為。

篆

贅 ㄓㄨㄟˋ zhuì

以「貝」、「出」、「放」會意，表達典當貝製的飾物以換取他種物資。

篆

負 ㄈㄨˋ fù

以「人」與「貝」組合。人如果持有貝，就可以信賴它、用它來購買需要的東西，重點在表達「信賴」。

金 篆

貝 ㄅㄟˋ bèi

一枚海貝的腹部。海貝外殼堅硬細緻，北方又不易得到海貝，便視之為有價值的東西，代表交易行為以及貴重物。

甲 金

朋 ㄆㄥˊ péng

海貝串成一條項鍊的形象，有如「朋友」經常在一起。

甲 金

實 ㄕˊ shí

屋內有海貝收藏在箱櫃中，有「富足」的意義。

金

寶 ㄅㄠˇ bǎo

屋裡有海貝與玉串，都是寶貴的東西，值得珍藏。

甲 金

品 ㄆㄧㄣˇ pǐn

很多物品有秩序的存放。後來做為物品的單位。

甲 金 篆

臨 ㄌㄧㄣˊ lín

一個人低著頭在檢驗眾多物品的樣子，表現眼睛下視的狀態。

金 篆

區 ㄑㄩ qū

物品收藏在庫房內，將品類區分明白的意思。

甲 金 篆

㗊 ㄐㄧˊ jí

眾多物品排列整齊的狀態。

篆

以 ㄧˇ yǐ

做為語詞，應該是假借的用法。在甲骨卜辭，第一期的（人的手提東西的樣子），到第四期寫成，有可能是簡化的結果。

甲 金 篆

氐 ㄉㄧˇ dǐ

從甲骨文的字形看，一人手提東西在從事某種工作，意義為語詞的「以」。

甲 金 篆

匹 ㄆㄧ pǐ

一個捆捲的布匹形狀，商場要求布匹的長度有一定標準，也借用為馬匹的量詞。

金 篆

買 ㄇㄞˇ mǎi

以一張網子網到一顆海貝。海貝可用來買東西，所以有「購買」的意思。

甲

賣 ㄩˋ yù

由「省」、「貝」組成，有「檢驗」、「省察」的意思。

金

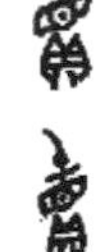

賣 ㄇㄞˋ mài

由「出」、「買」組成。表達把東西賣出去。楷體簡化為「賣」字。

篆

賴 ㄌㄞˋ lài

將海貝收藏在袋子裡，這樣才不會遺失，有可以「信賴」的意義。

甲 金

續、賡 ㄒㄩˋ xù ㄍㄥ gēng

古文字形由「庚」與「貝」組合，「庚」是鈴子或手鼓一類的樂器形，「貝」為海貝的象形。不解何以有「繼續」的意思。

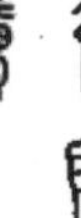

金 古 篆

商 ㄕㄤ shāng

有高聳入口的建築，表示政治中心地點。

甲 金

敗 ㄅㄞˋ bài

兩手各拿著一枚海貝相互碰撞，或以棍棒敲打海貝，如此海貝會破損而喪失寶貴價值，所以有「敗壞」的意思。

甲 金

7 建立通用度量衡

寽 ㄌㄩㄝˋ lüè

一手交一件東西給另一手，可能是市場交易的動作，「一手交錢，一手交貨」，所以用做價值的單位，換算約為銅六兩的重量。

金 篆

㚘 ㄑㄧˊ qí

甲骨文字形是兩個人的兩隻手共同抬起一包重物，所以有「抬舉」動作的意義。金文時代把「田」形的包裹，改為竹編的「甶」形籠子。

甲 金 篆

爯 ㄔㄥ chēng （稱）

一隻手拿起建築材料（如木材、禾束），估計重量的模樣。

甲 金

重 ㄓㄨㄥˋ zhòng

一個兩頭綑住的袋子，前端還有一個鉤子。表現袋子已裝滿貨物，沉重無法手提，要用鉤子把它提起來。借為表現量重的意義。

金

氒 ㄐㄩㄝˊ jué

可能是「尺」字的源頭。表現張開一手的手指以丈量長度，為一尺的長度單位。也假借做為第三人稱。

甲 金 篆

尺 ㄔˇ chǐ

表現張開手指的形象。手掌張開的約略等於十個拇指的寬度，方便丈量東西的長度。

甲 金

寸 ㄘㄨㄣˋ cùn

用手掌來測量東西長度。一橫畫代表大拇指的寬度。

篆

丈 ㄓㄤˋ zhàng

早期以自然尺度的「尋」（八尺）為計算的長度單位，後來改以十進的制度。「丈」可能是表達手執十尺的標尺，做為丈量長度的工具。

篆

量 ㄌㄧㄤˊ liáng

把米糧通過漏斗裝入袋中。因每袋容量大致相當，利用現成的袋子，就能計算貨物的容量或重量。

甲 金

斗 ㄉㄡˇ dǒu

一把挹取水酒的勺子。

甲 金

必 ㄅㄧˋ bì

以一道橫畫指出器物之柄的所在，是典型的指事字。

甲 金

料 ㄌㄧㄠˋ liào

由「米」與「斗」組合。表示以斗（或升）來衡量米粒的量。

金 篆

升 ㄕㄥ shēng

一把烹飪用的「匕」。升的容量為斗的十分之一，換算約等於現今的兩百毫升（200 C. C.）。

篆

平 ㄆㄧㄥˊ píng

一個支架的兩端各有東西放著，與天平的器械有關。引申有「均平」、「不偏」的意義。

金

亏 ㄩˊ yú

天平桿子。因為需要量重物，所以用兩層表示經過加固，預防天平的支架因稱重物而被折斷。多當做介詞使用。

甲 金

㒼 ㄇㄢˊ mán

以天平稱物重量時，要兩端保持平衡。

金 篆

毌 ㄍㄨㄢˋ guàn

以棍棒穿過某物體以便搬運。表達「貫通」的意義。

篆

亡 ㄨㄤˊ wáng

甲骨文「亡」字是否定的副詞，字形簡單，為抽象的創意。

甲 金 篆

良 ㄌㄧㄤˊ liáng

形容詞。初形 [ancient form]，像一塊布帛，兩端各有兩條帶子，布帛可以用來包裹東西，帶子可以束緊，可能包裹物體的效果很好，所以有「良好」的意思。

甲 金 古 篆

夃 ㄍㄨ gū

可能從是「盈」字分解而來。小篆的「盈」字（[seal form]），一隻腳在水盆中，而水溢出來的樣子。《說文》解釋秦人以市買多得為「夃」，引申為「賺錢」。

篆

盈 ㄧㄥˊ yíng

小篆的字形可以看出是表現洗腳的時候，腳放進器皿中讓水溢出來的情形，所以有「滿溢」的意思。

篆

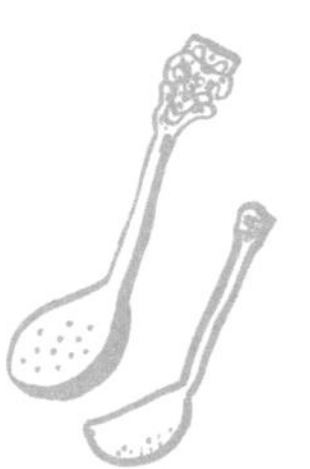

祘 ㄙㄨㄢˋ suàn

在一條橫綱上繫上很多條繩索，然後繩索上又有不同顏色以及大小不一的繩結，幫助人們計算或記載財物、日期等事情。

篆

筭 ㄙㄨㄢˋ suàn

由「竹」、「玉」、「廾」三個構件組合，創意與「筮」字有關。使用雙手（廾）搬弄筮占的竹（竹）籌（玉），以求得一個單或雙的數目，做為計算吉凶的占卜依據。

篆

算 ㄙㄨㄢˋ suàn

由「竹」、「目」、「廾」三個構件組合。「目」代表演算數學的籌算盤形象，表達以雙手（廾）在算盤（目）上搬弄竹箸（竹），代表「計算」的意義。

篆

卟 ㄐㄧ jī

甲骨文的字形是一塊占卜材料的牛肩胛骨（[甲骨文字形]），右下旁有一道彎曲的線條。意義是檢驗燒灼後的兆紋，用以判斷占卜是吉是凶。

甲 金 篆 卟

計 ㄐㄧˋ jì

以「言」與「十」組合，原形可能是一把管樂器與一道直線，表現管樂以長度計算發聲的音律。後來引申為一般的「計算」。

篆

栞 ㄎㄢ kān

由「木」與「幵」組合，這個字的創意可能與「識」字類似。一根木頭的端部被分劈成分叉的形狀，做為某種記號，所以有「刊識」的意義。

篆

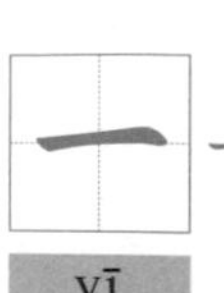

一 ㄧ yī

甲骨文的「一」以一道橫畫表達，「二」以二道橫畫表達……。後來為了避免相互混淆，就各以筆畫較多的字形表達，如一就寫成「弌」，或寫成「壹」。

甲　金　篆　古

二 ㄦˋ èr

以二道等長的橫畫代表數字「二」。後來為了防範混淆，也和「一」字一樣，加「弋」而成「弍」字，或更複雜的「貳」。

甲　金　篆　古

上 ㄕㄤˋ shàng

以短畫在長畫之上，表達在上面的抽象情況。因筆畫與「二」字相近，為了區別，到金文時便在長畫之上加一道直線上。

甲　金　篆

下 ㄒㄧㄚˋ xià

與上字相反，以短畫在長橫畫之下，表達在下面的概念。變化和「上」字一樣，在長畫下加一道直線做為分別下。

甲　金　篆

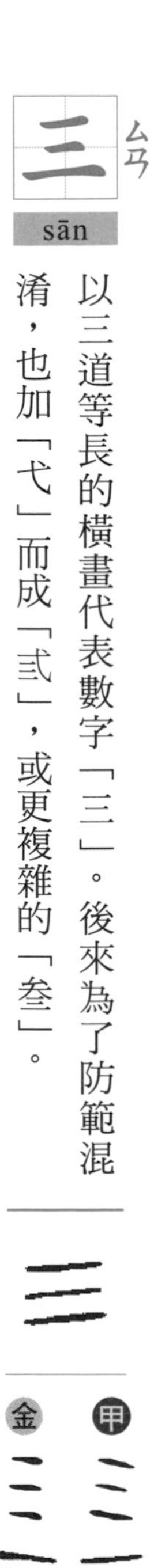
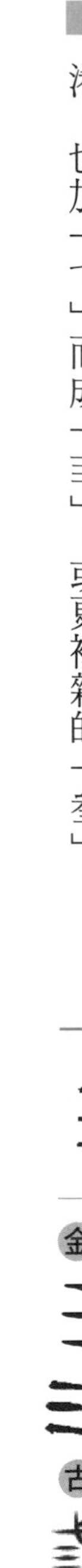

三 ㄙㄢ sān

以三道等長的橫畫代表數字「三」。後來為了防範混淆，也加「弋」而成「弎」，或更複雜的「叁」。

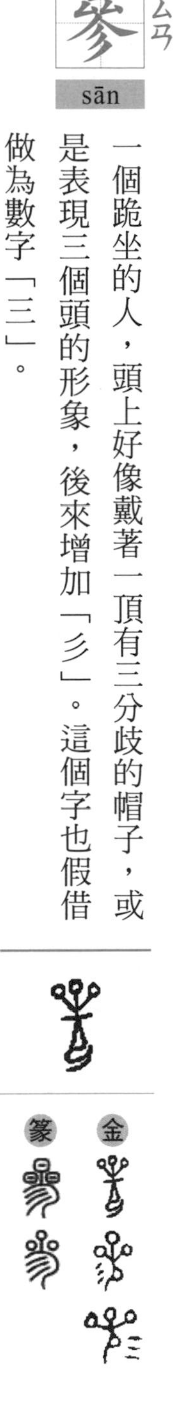

參 ㄙㄢ sān

一個跪坐的人，頭上好像戴著一頂有三分歧的帽子，或是表現三個頭的形象，後來增加「彡」。這個字也假借做為數字「三」。

气 ㄑㄧˋ qì

「气」字和「三」字相近，甲骨文是一道短畫在二道長畫之中，像長條的雲彩形。到了金文，大概為了與「三」字區分，上下筆畫漸變彎曲。

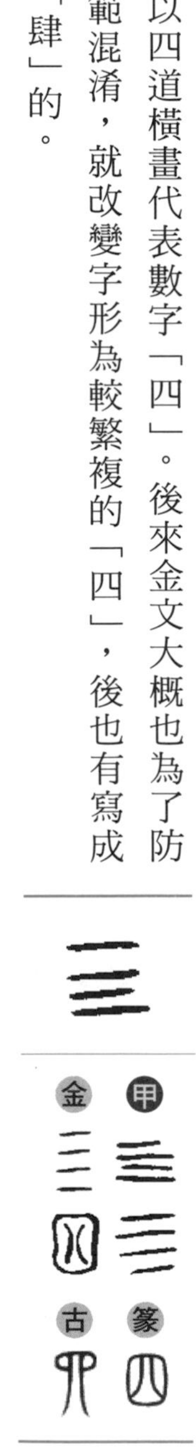

四 ㄙˋ sì

以四道橫畫代表數字「四」。後來金文大概也為了防範混淆，就改變字形為較繁複的「四」，後也有寫成「肆」的。

肄 ㄧˋ yì

甲骨文字形是一隻手接觸一隻動物，還有水滴的樣子，最有可能表現一個人手拿著一條手巾在涮洗一匹馬，建立良好的關係，那是學習馴養馬匹能夠聽話的基礎訓練之一，所以有「學習」、「練習」的意義。

甲 金 篆 籀

五 ㄨˇ wǔ

自五到九的數字，以兩畫的不同形象來表達。「五」以二畫相互交叉如㐅，後來要與「乂」（刈）分別，所以上下各加一道平畫。

甲 金 篆 古

六 ㄌㄧㄡˋ liù

從更早的字形看，應該以兩斜畫（如「入」）來表達，後來在底下加二豎畫，而成甲骨文的字形。小篆的字形與「四」相近，就假借繁複的「陸」字以示區別。

甲 金 篆

陸 ㄌㄨˋ lù

字形與「阜」有關，表達在高山上有矮樹叢的平坡地區。金文變化比較多，或少一個樹叢，或加「土」補足意義。古代因讀音與「六」相同，而被借用代表「六」。

甲 金 篆 籀

坴 ㄌㄨˋ lù

字義為叢生於田中的地蕈。從「陸」字的甲骨文字形陸看，「坴」的部分應該是植物的象形，但金文有簡省如「六」的，所以《說文》才分析為「從中六聲」的形聲字。

篆 籀

入 ㄖㄨˋ rù

字形與早期的「六」字相近。創意應該是從甲骨文的「內」字分析而來。「內」的創意在於表現門簾分掛在兩旁的形象，因此借以表現「內裡」的意義。

甲 金 篆

七 ㄑㄧ qī

以等長的直畫和橫畫相交表達。這個字形與後來數目「十」相同，為了分別，就把直畫彎曲如小篆的字形。後來繁體就借用桼（漆）字或「柒」字表達。

甲 金 篆

八 ㄅㄚ bā

以兩道斜畫不相交，或相背的彎畫表達，從此字形穩定不變。為了避免混淆，或以「捌」字表達。

甲 金 篆

九 ㄐㄧㄡˇ jiǔ

以交叉的筆畫而有一畫是扭曲的形象表達。後來演變成兩筆都是彎曲的，但一畫較長。為了避免混淆，或以「玖」字表達。

甲 金 篆

十 ㄕˊ shí

數目「十」以一直畫表達，字形的演變是先在直畫上加一個小點，接著是小點成短橫畫，後將短畫加長而與「七」字同形。為了避免字形有所混淆，後來以「拾」字表達。

甲 金 篆

廿 ㄋㄧㄢˋ niàn

以兩個「十」的直畫在底部相連表達。到了金文，二直畫上各加一小點，接著小點成橫畫而相連。

甲 金 篆

卅 ㄙㄚˋ sà

以三個「十」的三道直畫在底部相連表達。到了金文，三道直畫上各加一小點，接著各小點成橫畫而相連。小篆時不再相連，而排列也採用習慣性的上一下二形式。

甲 金 篆

世 ㄕˋ shì

「世」字與「卅」字可能有關，也像是三個「十」字的聯繫。此字的金文繁體非常多，懷疑本是編織坐蓆或繩索的工具形。後來假借為「世代」，以三十年為一世代。

金 篆

百 ㄅㄞˇ bǎi

形象最為接近「百」字的是大拇指的「白」字，在音讀上也很接近。拇指之內的相交筆畫，漸漸寫成上部不相交，而下部也變為平圓底線。

甲 金 篆 古

白 ㄅㄞˊ bái

演奏弦樂最先是用打擊的方式，後來改用大拇指撥弦，因此「白」很可能是「樂」字（[illegible]）中表達大拇指的部分。借用大拇指的形象，表達抽象的白色。

甲 金 篆 古

千 ㄑㄧㄢ qiān

「千」字借自「人」字，在軀幹加一道平畫就表示一千。五千以上就改用分寫的形式。

甲 金 篆

萬 ㄨㄢˋ wàn

顯然是借用蠍子的形象。字形演變從尾巴上加一短橫，再變成手的樣子，最後這短橫和尾巴都彎曲，就再也難看出毒蠍的形象。

甲 金 篆

蠆 ㄔㄞˋ chài

蠍子形象被借用代表「一萬」，有可能為了避免混淆，就把尾巴改成「虫」或「蚰」，代表蠍子。

篆

禺 ㄩˋ yù

《說文》解釋「禺」為母猴屬的動物，但是從「萬」字的演變過程看，原形應是，表現一種大頭的爬蟲形象，而非猴子。

金 篆

禹 ㄩˇ yǔ

與「萬」字相近，原形應是，是一種小蟲的形象。夏朝因開國君王叫禹，曾經還被懷疑是神話中的一條蟲，不是真實的歷史人物。

金 篆 古

离 ㄔ chī

從「萬」、「禺」、「禹」等字看，「禸」的部分只是後來字形的演變，所以「离」看來也同樣是頭部有特殊形象的爬蟲動物。

篆

禼 ㄒㄧㄝˋ xiè

和「离」的字形非常相似，也是某種頭部稍有異樣的爬蟲類。

篆 古

啻 ㄧˋ yì （億）

在甲骨文，「言」是一把八尺長的管樂形象。金文字形的「言」字中有個圓圈，代表「無限」的長度。到了小篆加上「心」成為形聲字，除數目之外，還表達「滿」的意義。字形與表示意志的「意」字太過接近，就被「意」字類化而寫成了「億」字。

金 篆

意 一ˋ yì

「意」與「意」應該源自同一個字。「意」以「從音從心」，「意」以「從音從心」表達，表達的方式都一樣。古人認為音樂可以表達心志，尤其是喜樂滿滿的心情。

篆

籀

六

人生歷程與信仰

1 出生

生 ㄕㄥ shēng

地上長出一株青草。青草的生命力強韌，地下的根一接觸到春天的氣息，馬上生機蓬勃的苗長起來。

甲 金

甡 ㄕㄣ shēn

以兩株小草表現眾草叢生、欣欣向榮的意思。

篆

孕 ㄩㄣˋ yùn

人的肚子裡，有一個已成形的孩子。

甲

身 ㄕㄣ shēn

一個人腹部鼓起來的樣子。女人懷孕到了某個階段，肚子就會明顯鼓脹起來，以「有身」表示有孕。

甲 金

勹 ㄅㄠ bāo

從「包」字分解出來，是胎兒被包裹在子宮內的形象。

篆

包 ㄅㄠ bāo

尚未成形的小孩在腹中的樣子。

篆

勹 ㄅㄠˋ bào

創意與「包」相似，表現一個人形在子宮內，是女子懷孕的現象。

甲 篆

冥 ㄇㄧㄥˊ míng

字形是兩隻手往外掰開子宮，讓胎兒順利生產出來。「冥」有「黑暗」的意義，古代醫學不發達，人們害怕有妖邪之氣入侵產房，就在暗房生產嬰兒。

甲 篆

育 ㄩˋ yù

毓 ㄩˋ yù

「育」表現胎兒滑出子宮的樣子。「毓」表現一位半蹲站的婦女，從身體下方產下倒栽的孩子，孩子的四周還伴隨著羊水，是生產的情況。

甲

甲 金

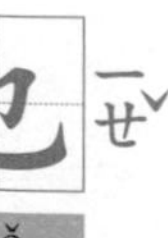

也 ㄧㄝˇ yě

具文法作用的語尾詞，由假借而來，從金文字形看，可能借自蛇的形狀。《說文》「女陰」的意義，有可能是根據甲骨文「育」字（），嬰兒滑出子宮的形象而來。

金 篆 古

改 ㄍㄞˇ gǎi

一隻手拿著一枝棍棒，搥打一個早產胎兒。有「希望下一胎可以是健康的胎兒」之意，因而代表「改變」的意義。

甲 篆

嘉 ㄐㄧㄚ jiā

由兩個構件組合，「女」與「力」。婉轉表達一名女性擁有一個可以使用耒耜工作的兒子。由於男性才能繼承家業，婦女產下男孩子是美好的事，而有「嘉美」的意義。

甲 金

存 ㄘㄨㄣˊ cún

以「子」與「在」組合，表達慰問生產是否順利。

篆

囟 ㄒㄧㄣˋ xìn

幼兒腦蓋尚未密合的樣子。

篆

古

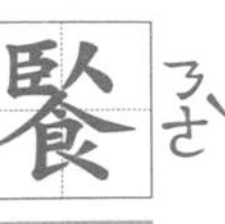 ㄋㄜˋ nè

以「臥」與「食」組合，嬰兒尚不能坐起，只能以臥姿進食。

篆

好 ㄏㄠˇ hǎo

一名婦女抱著一個男孩。表示婦女擁有兒子是值得慶賀的好事。

甲 金

子 ㄗˇ zǐ

畫出孩子的全身，有手有腳的樣子，表現出男孩女孩的共通形象，但因為古代重男輕女的風俗，所以實際上都是用來代表男孩。

甲 金

孫 ㄙㄨㄣ sūn

字形是一個男孩和一條繩索狀。可能表達兒子所連續傳下的末裔，有如絲線持續綿長，或指在產下第一個男孫時，要繫上一條絲帶慶祝的習俗。

甲 金 篆

褱 ㄏㄨㄞˊ huái

衣服裡有啼哭的嬰兒。借用母親常把啼哭的嬰兒抱在懷中哄的習慣來造字。

金 篆

棄 ㄑㄧˋ qì

兩隻手捧著一個簸箕，簸箕裡有一個小男孩，男孩四周有血水點滴。古代醫學不發達，新生兒死亡機率很高。表達剛生下來的小孩，沒有辦法保住生命，被放在簸箕裡丟棄。

甲 金

帥 ㄕㄨㄞˋ shuài

一條手巾懸掛在門的右邊。這是中國古代宣告女嬰誕生的記號，手巾是婦女從事家務的用品，所以用來代表女性。

金 篆

2 養育

乳 ㄖㄨˇ rǔ

一名婦女抱持一個張口吮吸乳汁的嬰兒，表達「餵乳」、「乳汁」、「乳房」等意義。

甲

篆

保 ㄅㄠˇ bǎo

一個站立的人，伸手至背後護住孩子，是為了保護幼兒免受傷害，所以引申為「保護」、「保存」的意思。

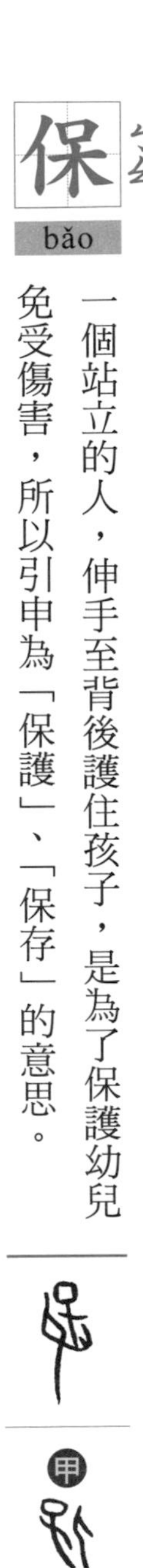

甲

字 ㄗˋ zì

嬰兒在家廟裡。表示在祖先神靈前介紹嬰兒，成為家族的一員。有了名字的孩子，才是可以計數的子孫。子孫會孳生愈來愈多，因而引申為「文字」。

金

卓 ㄓㄨㄛˊ zhuó

一種懸掛路旁高柱上的標識，從甲骨的字形看，可能是小男孩高翹的髮式，借用來表達「高」的形勢。

甲 篆

金 古

幼 ㄧㄡˋ yòu

甲骨文字形是一把挖土的工具（力）上繫有絲帶。「幼小」的意義，可能和古代男人第一次使用耒耜耕田的禮儀有關。

甲

金 篆

浮 ㄑㄧㄡˊ qiú

一個小男孩浮在水面上，應該是訓練小孩游水的情景。

甲　篆

如 ㄖㄨˊ rú

「女」與「口」的組合，推測是要女性說話的口氣委婉順從。

甲　篆

孔 ㄎㄨㄥˇ kǒng

男孩頭上有突出物，以其髮型為造字創意。

金

老 ㄌㄠˇ lǎo

頭髮鬆散的老人，頭戴特殊形狀的帽子、頭巾，手中還握有一把柺杖。

甲　金

孝 ㄒㄧㄠˋ xiào

由「子」與「老」組成，表現祖孫一起行走的景象。老人家需由孩子扶著行走，小孩的高度也正合適拐杖的高度，可以權充拐杖，充分表現出「孝道」的涵意。

金

考 ㄎㄠˇ kǎo

一位頭髮鬆散的老人家，手裡拿著拐杖走路。意義是死去的父親，也有「拷打」、「拷問」的意義，或許與棒打老人的遠古喪俗有關。

金

安 ㄢ ān

婦女在屋裡的模樣。古代女子未出嫁前不出門，以女性在屋內表達「安全」、「平安」的概念。

甲 金

3 成人

夫 ㄈㄨ fū

一枝髮笄（ㄐㄧ）插在一個大人的頭髮上。成年後，不論男女，都要把長長的頭髮盤到頭頂。

甲 金

規 ㄍㄨㄟ guī

以「夫」與「見」組合的表意字。「見」是眼睛見到的影像，引申為大人對於事情的成熟見解。

篆

望 ㄨㄤˋ wàng

一個人站在高地上，睜大眼睛想要看到遠方的狀況。後來，「望」被借用稱呼一個月內最光亮（滿月）的時候，並加上一個「月」的符號。

甲 金

妻 ㄑㄧ qī

婦女用手梳理長頭髮的模樣。女性未成年前，會讓頭髮自然下垂；結婚成年後，就要把頭髮盤起。

甲

冠 ㄍㄨㄢˋ guàn

用手（寸）將一頂帽子冃戴在一個人（元）的頭上，是舉行男子成年儀式的動作。接受儀式的此人，屬於比較高級的士人階級。

篆

奐 ㄏㄨㄢˋ huàn

雙手捧著一頂帽子。表示在舉行士人階級男子的成年儀式，換上帽子的動作。

篆

婦 ㄈㄨˋ fù

「帚」，是掃地的掃帚。灑掃屋子，基本上是屬於已婚婦女的工作，後來為了與掃帚有所區別，就加上一個「女」字符號。

甲 金

歸 ㄍㄨㄟ guī

由「𠂤」與「帚」組合而成。創意可能表達女子於歸嫁的時候，要帶一把故鄉的泥土與掃帚同行的習俗。

甲

充 ㄔㄨㄥ chōng

頭插髮笄的成年人。代表已經長大成人的意思。

篆

4 婚姻

婚 ㄏㄨㄣ（聞 ㄨㄣˊ） hūn

形聲字，娶新婦的時間在黃昏，所以用「婚」來表達。金文則假借「聞」來表達，字形是一個跪坐的人張開嘴巴，口沫從嘴裡噴出來，他的手往上舉，像是聽到不尋常的訊息，驚訝失態而要叫出聲來。

甲 金 篆

妃 ㄆㄟˋ pèi

從字義來觀察，早先字形可能是一男（卩）與一女（女）跪坐著相配為夫妻。「卩」後被錯寫成「己」，且構件左右互換。

金 篆

祖（且）ㄗㄨˇ zǔ

由「且」和代表神靈的「示」組合而成。「且」是男性性器的形狀 ，為人類繁殖的根源，所以代表「祖先」（男性）的意義。

甲 金

父 ㄈㄨˋ fù

一隻手拿著一把石斧。借源自母系社會勞務的習慣，代表成年男子的職務。

甲

母 ㄇㄨˇ mǔ

一位女性跪坐著，兩手交叉安放在膝上，胸部有兩小點，表現女性乳房，強調女性生產後才有乳汁可以餵食嬰兒。

甲 金

毋 ㄨˊ wú

如「女」或「母」字，甲骨文常借用為否定副詞。小篆則把兩點聯成一橫畫，使意義分別明確，代表女性的形象。

金 篆

匕（妣） ㄅㄧˇ bǐ

是湯匙的象形字，做為雌性動物的性徵，也假借為人倫的稱呼，指「女性祖先」。有可能湯匙是家務的工具，借以代表女性。

甲 金 篆

兄 ㄒㄩㄥ xiōng

一個跪坐或站立的人張口在祈禱狀。兄弟的稱呼是抽象的，甲骨文借用禱祝的字形來表達。

甲 金 篆

罤 ㄎㄨㄣ kūn

以「眔」與「弟」組合，表示哥哥底下有弟弟的意思。

篆

每 ㄇㄟˇ měi

一名婦女的頭髮上插著好幾枝裝飾物，以這種日常情景表達「豐美」的意義。

敏 ㄇㄧㄣˇ mǐn

一名婦女的頭髮上有多枝裝飾物，及一隻手。表示必須要快速打扮，才有其他時間可以做各種家務。

嬔 ㄈㄢˋ fàn

字形由「女」、「免」、「生」組合。可能表達如果婦女已有兒有女，就可不用再生育了。

嬴 ㄧㄥˊ yíng

以「嬴」與「女」組合，為姓氏。看起來是形聲字，但「嬴」與「嬴」不同韻部，不是形聲字。可能是表達以無毛小蟲為圖騰的氏族。

金

篆

緐（繁） ㄈㄢˊ fán

「每」與「糸」的組合，是表意字。一位婦女的頭髮上，除了裝飾笄釵一類的飾物之外，還有彩色絲帶，表達繁多的抽象意義。

姬

ㄐㄧ

jī

一位盛裝的女性與一把密齒的長梳子，意義是貴婦。顯然是以頭髮上穿插密齒的長梳子表意，比只插髮笄的人身分更高。

甲

金

5 老、病、死

局

ㄐㄩˊ

jú

一個人駝背的形狀，下為雙腳。表現出駝背的人上身看起來比較短，下面的「口」可能是為了不與「尺」字混淆，而加上的填白字。

篆

陾

ㄖㄥˊ

réng

由「阜」（梯子）、「而」（鬍鬚）、「大」（大人）三個構件組合。表達一個有鬍鬚的老人爬上樓梯後，上氣不接下氣的氣喘聲音。

篆

尌 ㄕㄨˋ shù

一個老人扶杖走路，步緩而步距又小的樣子。這把枴杖可能有多腳，利於分散重力，有如今日三腳或四腳的助步器。

篆

耎 ㄖㄨㄢˇ ruǎn

「而」字是鬍鬚的形象，加上「大」字，表示一個大人有長的鬍鬚，年齡大、體格弱，不再強壯。

篆

色 ㄙㄜˋ sè

古文左半像是一個老人在轉頭四顧，右半像是一位有頭有臉的大人物，鬚髮不整在走路。或許創意是這位貴族迷了路，而表現出氣色敗壞的樣子。

篆

古

疢 ㄔㄣˋ chèn

以「疒」（病臥在床）與「火」組合，表達如火發燒的病疢。

篆

尉（熨） ㄩㄣˋ yùn

古代一種醫療方式，一隻手以工具挾取火上燒烤的石塊，熨燙病人的背部，使膿包早熟而可以擠出。

篆

欮 ㄐㄩㄝˊ jué

由「屰」與「欠」組合，比擬呼吸困難，有如人在倒懸時呼吸不順的情況。後加「疒」，表示為一種病況。

金 篆

俞 ㄩˋ yù

由一支刺針與一個承受膿血的盤子組合。表達以針刺破膿包而流出濃汁以後，病痛就可以解除，應是「瘉」字的字源。

金 篆

役 ㄧˋ yì

甲骨文字形是一隻手拿著一件彎曲的器具，在治療一人背部。「人」的部分後來錯寫成「彳」，才以為是表達手拿武器在行道戍守。

甲 篆 古

葬 ㄗㄤˋ zàng

一個木結構的棺材裡面，有一個人睡在床上。生病時要睡在床上，是為死亡做準備，因為死在床上，才合乎禮儀的要求。

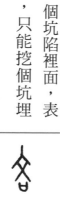

甲 篆

死 ㄙˇ sǐ

一個人或側或仰，躺臥在木結構的棺材中，有時有幾個點在人的周圍，可能是表達隨葬物品。還有一個字形是一個人在一塊枯骨旁邊，哀悼或撿骨，表現的是不正常的死亡。

甲

吝 ㄌㄧㄣˋ lìn

由「文」與「口」構成。一個死人在一個坑陷裡面，表示哀惜這個人不能以棺木葬具來殮葬，只能挖個坑埋了，可以解釋為「婉惜」的意思。

甲 篆

文 ㄨㄣˊ wén

一個人的胸上有花紋。紋身是中國古代葬儀的一種形式，用刀在屍體胸上刺刻花紋，使血液流出來，代表釋放靈魂前往投生，是對於死人的放魂儀式。

甲 金

鄰 ㄌㄧㄣˊ lín

以兩個「口」ㄨㄟˊ和一個「文」組成，「口」是標示矩形的土坑，「文」，是經過死亡聖化儀式的死者。整個字形表達墓葬區的墓葬坑比鄰而居，借以表達「相鄰」的意義。

金 篆

還 ㄏㄨㄢˊ huán

以行道、有眉毛的眼睛、耕犁組成。古代人不常出外旅行，客死在外的多是由農民組成的士兵，要由巫師以死者使用過的犁頭去招魂，然後才能安葬。後來則是改用衣服招魂。

甲 金

6 死亡概念與儀式

尸 ㄕ shī

二次葬所採用的葬姿。人死的時候軀體是僵硬的，等到身體腐化成白骨，再次收斂排列時才能呈現這種姿勢。依據中國古人的觀念，這樣才算真正離開人間。

甲 金

屍 ㄕ shī

以「尸」與「死」組合，表達屍體已腐化而可以撿骨，行過二次葬後才算真正的死亡，才能接受祭祀。

篆

夷 ㄧˊ yí

甲骨文以夷人蹲坐的姿態表達其民族，也是表現進行二次葬時，將屍體腐化後的白骨重新撿拾起來排列再埋葬的樣子。

甲 金 篆

敚（微）ㄨㄟˊ wéi

一隻手拿著一根棍子，從後面攻擊一名長頭髮的老人。中國古代有把老人打死使其超生的習俗。或許因為受到棒打的常是體弱有病的老人，所以也有「生病」、「微弱」等意義。

甲　金

徵 ㄓㄥ zhēng

老人因為有智慧而被徵召為國策顧問，與「微」字意義相反。字形由站立的人身上加點，人下加短畫而成「壬」字，所以「微」與「徵」可能是同字的分化。

篆　古

弔 ㄉㄧㄠˋ diào

一個人身上有繩索綑繞著的模樣。東北地區於人死後，會高掛屍體於樹上，讓鳥啄食腐肉，再把剩下的骨頭埋葬。

甲　金

𣦼（殘）ㄘㄢˊ cán

一隻手在撿拾一片枯骨。屍體被鳥獸吃剩的骨頭大半不能完全保留，所以是殘缺的。「𣦼」字應該是後來「殘」的本字，借以表達「殘缺不全」的意義。

甲　篆

別 ㄅㄧㄝˊ bié

字形是一刀一骨，有可能表現古代的喪俗，用刀把腐肉清除掉，以表達「分別」的意義。

篆

㕡（壑） ㄏㄨㄛˋ huò

由三個構件合成，一隻手、一塊枯骨、及一個河谷。人到深谷，常是為了撿拾親人的骨頭，這是造字的創意。

篆

叡（睿） ㄖㄨㄟˋ ruì

這個字和溝壑的字形（）非常接近，只是把谷的「口」換成「目」。「目」與「貝」字形相近，也可能是「𣦻」字的錯寫。以有深度的形象引申為「明智」的意義。

篆

古

籀

𣦻 ㄍㄞˋ gài

這個字的創意表現一隻手在撿拾殘骨，殘骨旁邊有海貝。海貝是商代貴族墓葬常見的隨葬品，大概具有某種象徵意味，表示「睿智」的意思。

金

篆

睿(濬) ㄐㄩㄣˋ jùn

「歺」(殘骨)和「谷」的組合，創意應該與「壑」有關，表示丟棄屍骨的深谷。或加「水」，表明是野獸前來飲水並啃食屍體的地方。

篆 古

殂 ㄘㄢˊ cán

字形應該從「歺」、「肉」，不是從「月」。字義是殘骨尚附有肉的意思。古代習俗，丟棄屍體讓野獸啄食，若未被吃乾淨，則被認為生前有罪。

篆

歺 ㄉㄞˇ dǎi

死人的肉已腐爛而剩殘骨的形象。但使用為「強烈」、「排列」的意義，大概是讀音的假借。

甲 篆 古

流 ㄌㄧㄡˊ liú

一個被丟棄於水流的屍體，頭髮已鬆散。所以「流」又有「流放」的意義。

金 篆

主 ㄓㄨˇ zhǔ

一棵樹上有火光，可能是古代用豎立的樹枝所製作的火把，用於戶外照明。因為在神位旁要點燈火，便用以稱呼神主牌位。

甲

7 祭祀鬼神

示 ㄕˋ shì

一個架子上的平臺。或許是人們想像中神靈寄居的平臺，在上面放置祭祀物品，現稱為神桌。

甲

宗 ㄗㄨㄥ zōng

是尊敬祖先神靈的地方，表達同姓宗族都來祭祀自己祖先的廟堂。

甲　金

宋 ㄙㄨㄥˋ sòng

建築物裡有一棵樹的樣子。一般的家居不會植樹，只有廟中才會植樹，代表神靈所居，所以才有「居住」的意義。

甲　金　篆

匚 ㄈㄤ fāng

字形是一個容器的形狀，可能是裝盛神主牌的匣子，或是三合院的建築地基。

甲　金　篆　籀

帝 ㄉㄧˋ dì

以捆綁的樹枝代表至高的上帝，再演化為政治組織的王者。

甲 金

鬼 ㄍㄨㄟˇ guǐ

一個人頭戴假面具、裝扮鬼神，擔任神靈的代理人。在商代，「鬼」兼有「神靈」的意義。

甲 金

由 ㄈㄨˊ fú

從甲骨文「鬼」字知道，「由」字是巫師裝扮鬼神所戴的面具形。

甲 金 篆

兇 ㄒㄩㄥ xiōng

一個人站立著，頭上有特殊形相，吐出舌頭。頭部與鬼字的面具類似，可能是兇惡的鬼靈扮相，有「兇惡」的意思。

甲 篆

魅 ㄇㄟˋ mèi

跪坐的鬼靈身上發出磷光的模樣。人的骨骼含有磷，是一種可以釋放碧綠色光芒的礦物。人死後多年，磷慢慢離開骨頭到空氣中，在夜間就呈現綠光，俗稱鬼火。能夠發出磷光，代表是具有強大魅力的老鬼。

甲 篆

粦 ㄌㄧㄣˊ lín

一個正面站立的人，全身上下籠罩著點點磷光狀。表現一名巫師身上塗了磷，或穿著塗了磷的衣服，在施行法術的模樣。

甲 金 篆

彔 ㄈㄨˊ fú

由「立」、「彔」（魅）組合。表現一個巫師身上塗磷扮鬼而正立的形象。

篆

嵒 ㄧㄢˊ yán

甲骨文大半是三頭的鬼神形象。為地域名，而非多言的意思。

甲 篆

舛 ㄔㄨㄢˇ chuǎn

從「舞」、「磷」等字分解出來，表現兩隻腳向外分間、舞蹈的樣子。

金 篆

𠦪 ㄏㄨ hū

大概是一種舞具，做為祈福的祭祀名。

甲 金 篆

褮 ㄧㄥˊ yíng

一件衣服上有幾個小點，上方也有兩個火字。表示這件衣服塗有磷，可以發光，是扮鬼時所穿的衣物。

甲 金

舜 ㄕㄨㄣˋ shùn

一個框框中有一個發磷光的人像。表示一個接受祭祀的對象，是在龕箱之中。身上塗有磷的偶像。

篆

畏 ㄨㄟˋ wèi

站立的鬼手中拿著一把棍棒，棍棒前端有個小的分歧，能裝上可以傷人的硬物。鬼如果拿著武器，威力就更可怕而令人畏懼了。

甲

冀 ㄐㄧˋ jì

一人頭戴面具，扮演北方的神像。

金 篆

蒐 ㄙㄡ sōu

「鬼」是人扮演鬼神所戴的面具形。「蒐」字有可能是指製作面具的植物材料。

篆

異 ㄧˋ yì

一個站立的人，頭戴面具、雙手上揚。未開化民族的面具，形狀大都恐怖驚人，借用以表達「奇異」的意義。

甲

夔 ㄎㄨㄟˊ kuí

一位巫師戴面具扮鬼神而跳舞的樣子。

篆

賓 ㄅㄧㄣ bīn

甲骨卜辭是王迎神靈的動詞，後來加「止」，表現走上前去迎接的動作。金文把「止」改成「貝」，可能表現迎賓客時以禮相贈。

甲 金 古

彝 ㄧˊ yí

雙手捧著一隻翅膀反折的雞。只有祭祀時才會如此刻意的處理，引申為祭器名稱或「經常」。

甲 金 篆 古

㱖 ㄙㄨㄟˋ suì

甲骨文字形是一手拿著木，在神壇之前有所動作的樣子。祭祀用詞，但具體的意義不詳。

甲 金 篆

登（𢍉） ㄉㄥ dēng

甲骨文字形是雙手捧著一個器皿，以牲品祭神的動作。到了小篆，「皿」上加了一塊肉。

甲 金 篆

𢍏 kuí

雙手捧肉塊，應是祭祀的動作。

篆

肜（彡） ㄖㄨㄥˊ ㄕㄢ róng

是一種祭祀的名稱。在甲骨文，或作三斜畫中有小斜畫彡，或簡化為三斜畫。

甲 金 篆

祭 ㄐㄧˋ jì

一隻手拿著正滴著血的一塊生肉。人們不會食用未煮熟的食物，使用未煮熟的肉，是祭祀鬼神的行為，所以是表達「祭祀」的意義。

甲

燎 ㄌㄧㄠˊ liáo

豎立的木頭有火點在燃燒。「燎祭」是一種在郊外空曠處舉行，架木燒火的祭祀行為。

甲

埋 ㄇㄞˊ mái

一隻牛或羊、狗埋在一個坑中的模樣。祭祀時會把牲品埋在土中，一段時間後再把坑挖開，看看牲品有沒有被神靈享用。

甲

血 ㄒㄧㄝˇ xiě

在盤皿中裝盛血。動物的血，也是商代人們供奉的供品之一，奉獻的時候，使用盤皿裝盛，就借用來創造「血」字。

甲 金

盟 ㄇㄥˊ méng

軍事結盟時，要歃飲立盟人混合的鮮血，因為會使用盤皿盛著飲用，即為「盟」的創意。

甲 金

岳 ㄩㄝˋ yuè

高山之上又有高峰重疊的模樣，並不是一般的山巒。商王最常祭祀的神靈是「岳」與「河」。

甲

奄 ㄧㄢˇ yǎn

金文是「大」字上有「申」（閃電）的形象，表現一個正面站立的人被閃電擊中的情狀。到了小篆，上下移位，就不再符合原有創意的解釋。

金 篆

亯 ㄩㄥ yōng

由「享」（神廟建築）與「自」（鼻子）組合，可能表達神靈以鼻子嗅聞祭祀的食物，享受人們的貢獻。

篆

東 ㄉㄨㄥ dōng

一個裝有東西而兩端捆緊的大型袋子，又演變為有如「日」在「木」中的形象，也許因此有了太陽從東方若木上升的神話。

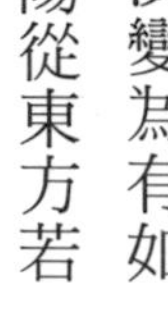

甲 金 篆

豊 ㄌㄧˇ lǐ

祭祀行禮的時候，容器盛有食物，還插著裝飾物。

甲 金 篆

豐 ㄈㄥ fēng

「豐」與「豊」是相關的二字，表現敬神，食豆（容器）上面的食物疊得滿滿的，或是再插上裝飾物，非常豐盛的樣子。

金 篆 古

卜 ㄅㄨˇ bǔ

用火燒灼甲骨背面，使正面呈現一道直紋與一道橫紋的兆紋。是占卦的結果，所以有「占卜」的意義。

甲 金

占 ㄓㄢ zhān

一塊甲骨上面有「卜」與「口」。表達骨頭以兆紋（卜）的走向，說出問題的答案，是一種占斷吉凶的行為。

甲

兆 ㄓㄠˋ zhào

表面龜裂的花紋。因為與占卜的裂紋相像，所以用來表達占卜燒灼後的兆象。

甲 篆

普 ㄆㄨˇ pǔ

兩個人站立於日光之下，因陰影相似，而難以據之辨認面貌的意思。

篆

㬎 ㄒㄧˋ xì

太陽被雲層所遮住，光線自雲層四周透露出來的樣子。到了金文，光線被移到太陽上下，變成各三道陽光。

甲 篆

雨 ㄩˇ yǔ

初文是眾多的雨點下降的樣子，後來在上頭再加一橫畫，表示是由天上所降下的水點。金文以後，「雨」就成為具氣象意義的部首了。

甲 篆 金 古

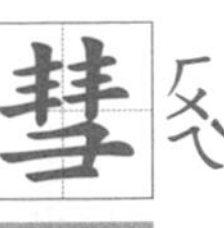

彗 ㄏㄨㄟˋ huì、雪 ㄒㄩㄝˇ xuě

「彗」的本義是「雪」，是用掃把清掃雪花的樣子。後來分化為「彗」與「雪」二字，一為掃把，一為雪。

甲 篆 古

雹 ㄅㄠˊ báo

古文字形是天上降下許多冰粒。後來大概要與「雷」字分別，便以形聲字取代。

篆 古

霝 ㄌㄧㄥˊ líng

下雨的雨點很大，是大雨的意思。雨點後來類化為三個「口」。

甲 金 篆

朏 ㄈㄟˇ fěi

以「月」、「出」組合。表達月象剛由虧轉盈的日子。

篆

月 ㄩㄝˋ yuè

經常有缺的月亮形。字形後來漸漸與表現肉塊的「肉」字相混淆。

甲 金 篆

昱 ㄩˋ yù

意指明後幾天，是抽象的意義。字形原借用「羽」字表示，後來加上「立」的聲符和「日」的意符，再去掉「羽」而成「昱」字。

甲 金 篆

虹 ㄏㄨㄥˊ hóng

表現一隻穹身雙頭的動物形。意義與天象有關。比較漢畫像石的彩虹形象，可確定這是「虹」字之前的象形字。

甲 篆

夏 ㄒㄧㄚˋ xià

一個人在跳舞的樣子。大概是以夏季缺水，巫師跳舞祈雨的季節表達「夏季」的意義。為了使意義更清楚，就在「人」上加太陽的形象。

金 篆 古

冬 ㄉㄨㄥ dōng

甲骨文表現樹枝枯萎而樹葉下垂的樣子。意義是「終止」。到了周代，「冬」才成為四季的名稱。

星 ㄒㄧㄥ xīng

原先是三顆或多顆星的形象，怕與其他字混淆，便加上「生」的聲符。「晶」字引申有「晶亮」的意義。

甲 金 古 篆

晶 ㄐㄧㄥ jīng

「星」的字源。天上眾多星星的形象。

甲 篆

8 人的樣貌與身體

人 ㄖㄣˊ rén

甲骨文是以人側立的形象表示。筆畫從頭到身軀到腳，應是一筆由上而下，然後是手。人的自然形象，應是手短身軀長，為了美觀，變成身手等長。

甲 金 篆

卩 ㄐㄧㄝˊ jié

古代有教養的人在室內多採用跪坐的姿勢，所以室內活動就以跪坐而雙手前垂的姿勢表達。

甲 金 篆

女 ㄋㄩˇ nǚ

創造文字的人有意以不同的坐姿區別男女，雙手交叉的是女性。「女」字有時也表示女兒或母親。

甲 金 篆

妟 ㄧㄢˋ yàn

此字與「女」字的差異，是把頭部標示出來，可能是有意表現有教養的貴族婦女做事穩重而不吵噪。小篆後，字形把頭部訛變成「日」。

甲 篆

佞 ㄋㄧㄥˋ nìng

以「女」與「仁」組合。也許是因為古代低視婦女地位，如果對婦女行仁道，便會被認為是一種諂媚奉承的行為，而有「佞諂」的意義。

篆

奻 ㄋㄢˊ nán

兩個女人相聚在一起。這是古人對於女性的負面概念，認為女性的性格比較容易爭吵，於是以二「女」表達「爭訟」的意義。

甲 金 篆

从 ㄘㄨㄥˊ cóng

與「奻」字相對的是「从」，以兩人前後相隨表達「跟從」的意義。表達的重點是同屬性的在一起，所以也可以寫成兩個湯匙並排的「比」字。

甲 金 篆

比 ㄅㄧˇ bǐ

在甲骨卜辭，相從的「从」有時會寫成「比」（兩把湯匙並列）。金文的兩字都是「隨從」的意義，後來才有分別，「从」是相從，「比」是親密，不再意義混淆。

甲 金 篆

并 ㄅㄧㄥˋ bìng

以一道或兩道的橫線表示，把二「人」合併為一組。

甲 金 篆

姦（奸） ㄐㄧㄢ jiān

三個「女」字並列或上一下二的排列，具負面的意思。現在多寫成「奸」，「從女干聲」的形聲字。

金　篆　古

孨 ㄋㄧˇ nǐ

以三個「子」字組合。意義是「謹慎」。可能表達子女眾多，除注意教養問題外，尤其要謹慎生活費開支。

金　篆

众 ㄓㄨㄥˋ zhòng

與「姦」、「孨」相對的，三個「人」字的組合是「众」。表示人數「眾多」的意義。

篆

眾 ㄓㄨㄥˋ zhòng

甲骨文作三人（代表很多人）在日下工作。「日」的形狀也很多變，到了金文訛寫成「目」，所以錯誤解釋為「監視下的奴隸」。

甲　金　篆

亼 ㄐㄧˊ jí

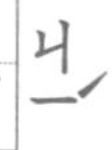

以三筆畫構成三角形的記號，意義與「集」字相同。

篆

夭 ㄧㄠˇ yǎo

一個人的頭因被壓擠而偏在一邊的樣子。

篆

夨 ㄗㄜˋ zè

一個人的頭傾向一邊。人有所思考的時候常不自覺傾頭，所以借以表達「傾斜」的狀況。

甲 金 篆

吳 ㄨˊ wú

「吳」是國名，由「口」與「夨」（頭偏一邊的形象）組合。

金 篆 古

元 ㄩㄢˊ yuán

本義是「頭」，以側立人形標示出頭部表現。原來字形應如金文，但甲骨文是刻寫在骨頭上，就將頭部改作橫的兩畫。後來也引申為「始」的意義。

甲 金 篆

兀 ㄨˋ wù

把表現頭部的「元」字省去最上的一平畫，可能是表達頭上無毛、不見參差的樣子。

甲 篆

天 ㄊㄧㄢ tiān

凸顯一位正面站立的人的頭部。甲骨文只有「頭頂」的意義。金文除「大」的意義外，也假借為至高無上的「天空」，如天子。

甲 金 篆

仄 ㄗㄜˋ zè

身在低矮的地方，不得不把頭傾向一邊的模樣。借以表達「傾斜」的狀況。

篆 籀

侃 ㄎㄢˇ kǎn

以三斜畫表示話語之多。可能表現一人因為直率多言，所以有「剛直」的意義。

金 篆

頁 ㄒㄧㄝˊ xié

甲骨文描繪一個跪坐的人的頭部及頭髮。往往代表的是貴族、巫師，而非一般民眾。金文之後省略頭髮，成為與頭部有關的義符。

甲 金 篆

首 ㄕㄡˇ shǒu

清楚表現有頭髮的整個頭部，後來慢慢變成只有眼睛和頭髮。如同其他與頭部相關的字，也引申有「第一」、「最主要」的意義。

甲 金 古

首 ㄕㄡˇ shǒu

與「首」為同一字，同樣省略頭髮的形象，後來少見使用。

甲 篆

顥 ㄏㄠˋ hào

這個字由「日」、「京」、「頁」組合。可以推想是表達太陽照射在高樓上活動的年老貴族，他們頭上白髮反射出明亮的光線，用以稱呼德高望重的老臣。

篆

聯 ㄌㄧㄢˊ lián

與「顯」字對照，猜測是指貴族耳朵上串聯甚長的耳環。借用表達「聯結」的意義。

篆

耳 ㄦˇ ěr

耳朵的形狀。古人知道耳朵是司理聽覺的器官，所以有關聽力的字都以「耳」字為構件。

甲 金 篆

耴 ㄓㄜˊ zhé

耳垂的樣子。

篆

耿 ㄍㄥˇ gěng

以「耳」與「火」組合。引申有「明亮」的意思。

金

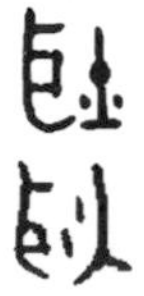

篆

聑 ㄉㄧㄝˊ dié

古代戰爭時，殺了敵人就割下左耳做為領賞的憑證。如果兩隻耳朵都在，就表示沒有生命危險，借以表達「安全」的意思。

篆

咠 ㄑㄧˋ qì

「口」與「耳」組合。在耳邊輕語，不想讓他人聽到。

篆

聶 ㄋㄧㄝˋ niè

多隻耳朵聚在一起，傾聽某人的細聲話語。

篆

茸 ㄖㄨㄥˊ róng

原指人的耳朵上的毛，細密的像地上小草，所以以「耳上的草」為造字創意。後來借用表達「細密」的情況。

篆

夾 ㄕㄢˇ shǎn

一個人把東西分藏在兩腋下，不想讓人知道。

篆

夾 ㄐㄧㄚˊ jiá

兩人從兩旁挾持，幫助另一個人行走。表達從兩側相夾的狀況。

甲 金 篆

頃 ㄑㄧㄥ qīng

以「匕」和「頁」組合。表現一個貴族的頭傾向一邊的樣子。當政的大人物常因思考施政的問題煩惱，不覺傾頭思考，而引申有「斜」、「側」的意思。

篆

臥 ㄨㄛˋ wò

結構與「頃」相似。一人躺臥而歪頭（以眼睛代表位置）熟睡的形象。

篆

㛴（腦） ㄋㄠˇ nǎo

右半部是小孩子的腦部與頭髮形象，左半的「匕」（湯匙）和腦部不相關，應是「人」字的反向。現在則多以「肉」替代人形而成「腦」字。

篆

 ㄦˊ

ér

這個字在甲骨卜辭是神靈的名字，但從金文可以肯定是「孩子」的意思。《說文》以為是小兒的頭囟還未攏合的情狀，或可能是表現男孩的髮型。

甲 金 篆

髮 ㄈㄚˇ

fǎ

是指長在人頭上的毛。從金文的字形看，以「犬」與「首」的組合，可能以狗身上的長毛表達人的頭髮。後來以形聲字取代，從髟（ㄅㄧㄠ）犮（ㄅㄛˊ）聲。

金 篆 古

長 ㄔㄤˊ

cháng

甲骨文表達一位手拿拐杖的老人。可能因古代老人的長髮常散髮而不像一般成人打髻，所以假借為「長」的抽象概念。

甲 金 篆 古

髟 ㄅㄧㄠ

biāo

當「長」字意義改變，不再代表長頭髮的樣子，於是加上「彡」，表達頭髮稠密而長的形象，並做為人的頭髮的義符。

篆

須 ㄒㄩ xū

甲骨文字形是一個人的臉部長有三道（代表多）鬍鬚的樣子。到了金文，頭部類化為「頁」。後來被假借為「必須」的語詞用法後，就加「髟」的義符表達原意。

甲 金 篆

而 ㄦˊ ér

從甲骨文的字形看，「而」字是下頜的毛。是鬍鬚的象形。後來多假借為語詞，很少使用本義。

甲 金 篆

毛 ㄇㄠˊ máo

「須」、「髮」表現人的毛髮，動物的就稱為毛。金文的字形象是取自牛、馬等的尾巴，中間的長線條是尾巴，旁邊的線條表現尾巴上繁密的毛。

金 篆

毳 ㄘㄨㄟˋ cuì

以上一下二的三「毛」結構表達多毛。多毛是野獸的特徵，也表達哺乳類身上的細密體毛。

金 篆

手 ㄕㄡˇ shǒu

「手」與「毛」字形非常相近，「毛」字的前端左彎，「手」字則右彎。創意清楚是表現手臂的下端有五個手指的形象。

金 篆 古

又 ㄧㄡˋ yòu

右手掌的形象，借以表達「右邊」的抽象概念。甲骨文不少字以「又」為構件的字，表示是某種拿在手中操作的工具。

甲 金 篆

ナ(左) ㄗㄨㄛˇ zuǒ

以左手掌的形象表達左的方向。後來在下加「工」成「左」字。

甲 金 篆

友 ㄧㄡˇ yǒu

用兩隻手同方向，或加二道橫畫合併為一組。表達朋友的情感。金文添加「口」或增一點，可能表達挖坑要朋友合作，或陷於深坑中要相輔助才能脫困。

甲 金 篆 古

尤 ㄧㄡˊ yóu

甲骨文「尤」字的意義是「小災難」，以短畫表達手指受傷的形象。《說文》解釋意義為「異」，可能是因為手指受傷結疣，形狀怪異之意。

甲 金 篆

拜 ㄅㄞˋ bài

從金文看，「拜」字由「手」與植物的根部組合。大致因為彎腰拔起植物的姿勢與行禮的姿勢相似，所以借以表達「拜見」之禮。

甲 篆 古

目 ㄇㄨˋ mù

一個前寬後窄的眼睛，後來省略眼珠。金文開始有把眼睛豎立的寫法，到了小篆就成定形。

甲 金 篆 古

眔 ㄊㄚˋ tà

從甲骨文字形容易看出是眼淚相繼流下的狀況，所以假借為意同「與」的連結詞。到了金文，眼淚連成一直線，平均分配在直線兩旁。

甲 金 篆

眉 ㄇㄟˊ méi

甲骨文的初形畫出人的軀體，並把眉毛與眼睛分開畫，後來省略人形，並將眉毛連接在眼睛上。到了小篆，眉毛又位移。

甲 金 篆

媚 ㄇㄟˋ mèi

甲骨文畫出一位跪坐的女性，並突顯出她眼睛上的眉毛。很可能是因為女性擁有漂亮的眉毛被認為是有魅力、讓人喜愛的，所以有「嫵媚」的意思。

甲 篆

䀠 ㄐㄩㄢˋ juàn

這個字意義是「目圍」。可能表達在兩個眼睛的周圍畫上裝飾，使眼睛看起來大些、美麗些，反映古代婦女的化妝術，相當於現在畫眼影。

篆

蔑 ㄇㄧㄝˋ miè

字義是「勞目無精神」。從甲骨字形看，表現一位有眉目的、受過刖刑的貴族，神情頹廢不振，恰似過勞而精神不濟的樣子。

甲 金 篆

見 ㄐㄧㄢˋ jiàn

一個站立或跪坐的人，張著眼睛看。金文表現得更真切，把眼珠也畫出來，也開始把眼睛畫成豎立的。到了小篆，跪坐的字形不見了。

甲 金 篆

看 ㄎㄢˋ kàn

意義與「見」相似，所以有「看見」的複詞。呈現「目」在「手」下的結構，以手遮住刺眼的陽光，方便觀看。

篆

𥄕 ㄧㄠˇ yǎo

字義是「遠望」。可能表達一人抬頭遠望。眼睛的形象有訛變，由「目」變「日」。

篆

𡕥 ㄒㄩㄝˋ xuè

《說文》解釋為「舉目使人也」。表現一隻眼睛被人刺瞎，只剩一隻眼睛的視線有所偏差，看事物時常會偏頭，神態就好像在用眼睛指使別人的樣子。

甲 金 篆

眣 ㄉㄧㄝˊ dié

創意與「𡕥」字類似，表現眼睛被箭刺傷，剩下一隻眼睛的視力，常有所偏失。「箭」的形象有所訛變，形成「從目失聲」的形聲字。

甲 篆

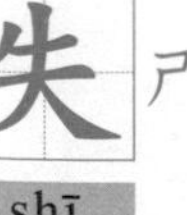

失 ㄕ shī

可能是從「眹」字分解出來，或表示有東西自手中滑落。

篆

苜 ㄇㄨˋ mù

上部大概表現眉毛，下部的「目」可能表現鬥雞眼。瞳孔集中在一起，不在一般的位置，所以有「目不正」的意思。

篆

艮 ㄍㄣˋ gèn

一個人因怨恨而轉頭不屑顧盼或瞪眼的樣子。

篆

䀝 ㄨㄛˋ wò

字的結構是眼睛和指甲，可能表現用手指撐開眼睛，以便看得更清楚些。

篆

㕚 ㄓㄠˇ zhǎo

以手指間的兩小點標示指甲的所在，表達「指甲」的意義。

篆

甲

叉 ㄔㄚ chā

與「叉」字相似，表示兩指之間的空隙。假借表達中間有空隙的情況，如叉子。

篆

曼 ㄇㄢˋ màn

甲骨文明顯表現兩手分別在一個眼睛的上下。用兩手掰開眼睛，想使視野看得更遠，所以引申為「長」的意義。到了金文，上面的「手」訛變近似「冃」。

甲 金 篆

需 ㄖㄨˊ rú

「濡」的字源。表達一個人全身濕透，連鬍鬚（而）也被雨淋濕了。

篆

面 ㄇㄧㄢˋ miàn

以整個輪廓包圍一個眼睛來表達臉部，可見五官中，眼睛的形象最為重要。小篆則把眼睛的方向改為豎直。

甲 篆

腜 ㄖㄡˊ róu

《說文》解釋為「面和」，即面容和氣。字形以「面」多「肉」表達意義。臉上多肉是胖子的形象，胖子脾氣好，所以有「和氣」的意義。

篆

醮 ㄑㄧㄠˊ qiáo

「面」和「焦」組合的會意字。表現面貌枯瘦黝黑，好像燒焦了一般。

篆

肥 ㄈㄟˊ féi

一個有肉的人跪坐著。肥胖的人不好動，所以用坐姿來表達。

篆

皃（貌） ㄇㄠˋ mào

從字形與字義看，應是表現人的容貌。籀文加「豸」，代表也可以指野獸的外貌。

篆

籀

允 ㄩㄣˇ yǔn

以此為聲符的「畯ㄐㄩㄣˋ」字（）有「農夫」的意義，因此「允」字應是頭上遮陽的布巾。農民的個性樸素而誠實，所以也借以表達抽象的「誠信」。

甲

金

篆

䀠 ㄐㄩ jū

兩眼在手臂之下。意義是眼力衰弱，老是低頭往下看。

篆

亢 ㄎㄤˋ kàng

《說文》解說是頸脈的形象。頸在人體的上部，引申為「高亢」的意思。後來為了使意義更明確，就加上代表頭部的「頁」，而成為形聲字。

篆

丮 ㄐㄧˊ jí

兩隻手前伸，是祝禱的動作。

甲 金 篆

自 ㄗˋ zì

甲骨文字形是鼻子的形象。後假借做為「起點」之義，就加上聲符「畀」而成為「鼻」字。

甲 金 篆 古

口 ㄎㄡˇ kǒu

張開的嘴巴。是出聲說話與吃食的器官。

甲 金 篆

曰 ㄩㄝ yuē

指事字。「口」與一道短橫畫，表現說出的語言。「曰」字是人類所特有、可辨識意義的聲響。

甲 金 篆

哭 ㄎㄨ kū

一個人在痛哭，聲響好像有多張嘴巴一起哭似的。後來頭髮散亂的形象類化成「犬」而成「哭」字。

甲 篆

笑 ㄒㄧㄠˋ xiào

原來的字形可能是表現一人傾頭而雙眼瞇笑。下半部訛成「犬」，所以《說文》分析字形從犬。

篆

辛 ㄑㄧㄢ qiān

字義是「災孽」。「疾」若是疾病的災難，「辛」就是疾病以外的災難。字形表現一把彎曲的刺針，是刺墨刑罰的工具，所以有「罪孽」、「災難」的意義。

甲 篆

𠯑 ㄜˋ è

「辛」是彎刃刻刀，與直刃刻刀的「辛」，與「口」組合，表示「以言語傷人」之意。同為刺紋的工具，後因字形相近，就以「孽」字取代。

甲 篆

辥 ㄒㄩㄝ xuē（𡴎 ㄋㄧㄝˋ、孽 ㄋㄧㄝˋ）

甲骨文的「罪孽」也常用這個字，特別是指軍事類的災難。到了金文，「𠂤」起了變化，多出「𡴎」的字形，《說文》便分析為「從𠂤屮聲」。

甲 金 篆

匄 ㄍㄞˋ gài

字形是「亡」與「刀」的組合。在甲骨卜辭是指「禍害」，表示失去生產工具（刀子），經濟有所損失的意義。金文的意義則假借為「祈求」。

甲 金 篆

句 ㄍㄡ gōu（勾）

「口」的形象主要表達嘴巴、容器或坑陷，因外形都是彎曲的，借以表達「彎曲」的狀況。現多寫為「勾」。

甲 金 篆

舌 ㄕㄜˊ shé

口內的器官。原形是一條前端稍寬大的長舌形，簡化後變成前端分叉，後來又在舌根處加了二道斜畫，小點則是表現口內的唾液。

甲 篆

齒 ㄔˇ chǐ

清楚表現口腔內有數量不等的牙齒形象。到了金文加上音符「之」，變成了形聲字。

甲   篆 

金 古

齔 ㄔㄣˋ chèn

從小篆的字形解釋為「從齒匕（化）」。表示兒童在七、八歲時乳牙掉落、換新牙的情況。

篆

齞 ㄧㄢˇ yǎn

「齒」、「只」的組合，「只」可能是表現暴露牙齒的兔唇形象。

篆

牙 ㄧㄚˊ yá

從金文字形看，表現兩個物體相互咬合。後來才用來表達「牙齒」。

金

篆

肩 ㄐㄧㄢ jiān

字的上半部應是肩胛骨的形狀，「肉」的符號表示與肉體有關。因肩胛骨的形狀類似門戶，而類比為「戶」。

篆

躬 ㄍㄨㄥ gōng

以身子背部有節節相連的脊椎骨表達，或以身子可彎曲如弓的形狀表達。

篆

乖 ㄍㄨㄞ guāi

一排排彎曲的肋骨在直的脊椎骨上，意義是「脊椎」。

篆

脊 ㄐㄧˇ jǐ

描繪出脊椎與肋骨。下加「肉」，明確指示是與肉體有關的形象。

篆

㐱 ㄓㄣˇ zhěn

一人身上有稠密的毛髮。

金 篆

亦 一ˋ yì

「亦」是典型的指事字，以兩小點指出腋所在的位置。後來假借為語助詞，本義則用形聲字「腋」表達。

（腋 一ㄝˋ）

甲 金 篆

臀 ㄊㄨㄣˊ tún

指事字。以一個弧圈標出臀部在人下半身的位置。後來姿勢由跪坐改為坐矮凳，所以小篆在臀下加一個矮几。

（屁）

甲 篆

尿 ㄋㄧㄠˋ niào

「尿」字是一個人站立小便的樣子，「屎」字則是排泄物自身後出來的樣子。小篆的「尿」字已把不等數量的小點類化為「水」，而「屎」字代表排泄物的小點則演變成了「米」字。

甲 篆

屎 ㄕˇ shǐ

甲 篆

心 ㄒㄧㄣ xīn

甲骨文沒有單獨出現「心」字，但有幾個與「心」有關的字。從「慶」字（）可看見當時誤作上尖下寬的形狀。到了金文，就全更正為上寬下尖的形象。

金 篆

息 ㄒㄧˊ xí

由「自」（鼻子）與「心」組合，表達呼吸的氣息。由此得證，古人確實知道心臟是司理呼吸的器官，與鼻子配合把空氣吸入和送出。

金 篆

思 ㄙ sī

由「心」與「囟」（腦門）二構件組合，創意是心臟與頭腦都是司理思想的器官。從這個字可知，漢代已知道腦是負責思考的器官。

篆

智 ㄓˋ zhì（知）

甲骨字形常見由「子」、「大」、「冊」組合，最繁的字形還多了「口」，後來省略了「冊」，「大」再訛化成「示」。可能是以冊立太子需要智慧而代表「智慧」的意義。

甲 金 篆 古

胃 ㄨㄟˋ wèi

是負責消化食物的器官。如果只描繪消化食物的胃，就會和「鹵」字相混，因此加了「肉」的符號以分別清楚。

金 篆

鹵（ㄌㄨˇ）lǔ

表現一個袋子裡面裝的滷料。滷料的主要成分是製鹽的汁液，能使食物保存長久。字形也像「西」字，所以《說文》分析字義為「西方鹹地」。

金　篆

率（ㄌㄩˋ）lǜ

帶有油脂的長條扭絞的腸子形狀，是祭祀的品物，應是「膟」的字源。

甲　金　篆

胤（ㄧㄣˋ）yìn

比「率」字多了一個「肉」的符號。原來可能是指腸子末端的大腸。後來借它的形象表達「子孫綿延」之意。

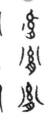

金　篆　古

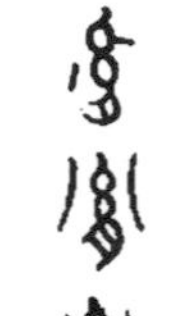

要（ㄧㄠ）yāo（腰）

甲骨文字形表現一個女性雙手環抱腰部，抱起另一位女性，而成為「腰」字的字源。由小篆來看，也可能如《說文》所解釋，是雙手插腰的形態。

甲　篆　古

厷 ㄍㄨㄥ gōng（肱）

「厷」的甲骨文表現從肘到肩的臂上部分。「肘」的甲骨文的字形則描繪一整隻手，在手肘彎曲處有一道彎曲線，是典型的指事字，指明是手臂可彎曲的部位。

甲　古　篆

肘 ㄓㄡˇ zhǒu

甲　篆

廾 ㄍㄨㄥˇ gǒng

兩隻手自下捧起的動作。甲骨文常假借做為「召集人員」的意義。金文字形小變，字義是「共同」，比較近於本義。

甲　金　篆

𦥑 ㄐㄩˊ jú

與「廾」字相對應，表現雙手向下提起物件。

篆

㥯 ㄧㄣˇ yǐn（隱）

兩手之間藏有東西，不想讓人看到。

篆

爪 ㄓㄠˇ zhǎo

單手從上向下，抓取物品的動作。

甲 金 篆

非 ㄈㄟ fēi

甲骨文字形，兩手把某物件（可能是門簾）向兩旁推開的樣子。金文則省略了雙手。後來假借為否定詞。

甲 金 篆

足 ㄗㄨˊ zú

小腿及腳趾。字形曾訛變，小腿部分訛化成圓圈。

金 篆

股 ㄍㄨˇ gǔ

以「肉」與「殳」組合，指膝蓋以上的大腿部分。表達大腿骨粗大，要用力錘打才足以截斷。

篆

企 ㄑㄧˋ qì

「企」字與「望」字相關但不同：「望」字表現一人站在土推上望遠，「企」則是踮起腳尖看，重點在有所盼望。「人」與「止」本是一體，後漸漸分成兩個構件。

甲 篆 古

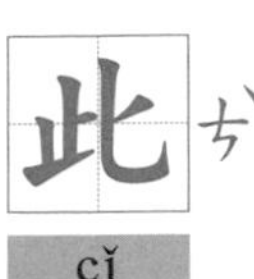

此 ㄘˇ cǐ

指示代名詞。人的習性，以腳尖觸地，向他人表示「這個地點」。

甲 *金* *篆*

竦 ㄙㄨㄥˇ sǒng

一個人站立，像個豎立的袋子，一點也不動，很是恭敬的樣子。

篆

交 ㄐㄧㄠ jiāo

表達物體交纏的情況。假借一個大人的兩腳相交站立的形態表達。

甲 *金* *篆*

先 ㄒㄧㄢ xiān

一個人赤腳站在另一個人的頭上。還沒有梯子時，古人常以這種方式到達高處。引申為「前進」、「先後」的意思。

甲 *金* *篆*

誩 ㄐㄧㄥˋ jìng

由兩個「言」組合。「言」是長管喇叭的形象，假借為言語，所以《說文》有「競言」的意義。

篆

競 ㄐㄧㄥˋ jìng

創意是兩個頭部有盛裝的人並列站在一起，可能兩個人並列來競賽。後來頭飾的部分越來越繁複，就類化為「言」。

甲 金 篆

兢 ㄐㄧㄥ jīng

字義與「競」字一樣。表現兩人並列競賽頭飾的美麗，頭飾則分離成「丰」與「口」。

金 篆

竟 ㄐㄧㄥˋ jìng

一個人的頭部有高聳的頭飾，戰戰兢兢怕掉下來。

甲 篆

閃 ㄕㄢˇ shǎn

一個人藏在門內，窺探門外的樣子。

篆

冘 ㄧㄣˊ yín

一個人的左右肩膀上都擔負物件，走路沉重的樣子。

篆

沈（沉）ㄔㄣˊ chén

商代的一種祭儀，把整隻牛或羊丟進水裡，讓鬼神享受牲品。

甲 金 篆

毐 ㄞˇ ǎi

某種根莖類作物。一種吃了會提高性慾的毒藥，後引申為「品行不端正」的意義。

篆

9 音樂

言 ㄧㄢˊ yán

從甲骨文看，是最初的寫法，接著多一短畫，然後類化於「辛」字。「言」是管樂器，可以將聲音傳達遠方，所以也代表「有用意的訊息」。

甲 金 篆

音 ㄧㄣ yīn

指樂器發出的聲音。為了與「言」字分別，金文在代表嘴巴的「口」中加一橫畫，從此兩字的寫法就固定了。

金 篆

詈 ㄌㄧˋ lì

由「網」與「言」組合。表達使用言語罵人，「網桎於罪」的意義。

篆

誥 ㄍㄠˋ gào

金文字形是雙手拿著一支長管的喇叭。古代政府有新政策要通告時，就派人到各地吹奏長管喇叭召集民眾、宣布政令，所以有「宣告」的意義。

金 篆 古

討 ㄊㄠˇ tǎo

「言」與「寸」組合，「寸」常是從「又」字演變而來，所以創意是指手持喇叭、吹奏信號聲討抵敵人，表示古代討伐敵人的時候，先要聲討對方。

篆

信 xìn ㄒㄧㄣˋ

從「人」從「言」的信字，首見於金文，最早的字形是，後簡化為。喇叭（言）是政策宣揚的用具，「信」字表達政府的公告是可信的，並非道聽途說。

金 篆 古

詹 zhān ㄓㄢ

以長管樂（言）告知崖岸上的人（厃）處境危險，有「言論急切」的意思。

金 篆

樂 yuè ㄩㄝˋ

高歌、吹奏器物、舞蹈或遊戲，這些形式總名為「樂」。甲骨文字形，一根木頭上有兩條絲線，表達弦樂的形象。音樂使心情愉悅，所以也引申為「快樂」。

甲 金

篆

吹 chuī ㄔㄨㄟ

現存的古代樂器以管樂為最早。甲骨文字形，表現一個人張開嘴巴在吹奏一件陶塤。後來陶塤類化為「口」，結構成為「從口從欠」，而被誤會為張口噓氣的樣子。

甲 金 篆

龠 ㄩㄝˋ yuè

表現兩支（代表多支）音管綁在一起，在管上加一個倒三角形的總吹口，指多管的管樂器。不同音調的音管綑綁在一起，演奏多音程的音樂。

甲 金 篆

侖 ㄌㄨㄣˊ lún

從「龠」字演變而來。多管的「龠」可能因為綑綁成圓形，不方便手指控制，就改依音高作橫向排列。而金文省略了樂器上的吹口，引申為「倫理」的意義。

金 籀 篆

䍃 ㄧㄠˊ yáo

「䍃」字「從言肉聲」，表達歌謠，意義為「徒歌清唱」。「䍃」字意義為「瓦器」，「肉」應該是倒置的「口」字，表現以口吹奏管樂器的形象。

篆

䍃 ㄧㄡˊ yóu

篆

善 ㄕㄢˋ shàn

金文始見的「善」字，結構是兩個「言」與一個「羊」。有可能是表達雙管的彎曲羊角形狀的樂器，因為聲音好聽而引申有「美好良善」的意義。

金 篆

䜌 ㄌㄨㄢˊ luán

一把長管的樂器，上頭裝飾著長彩帶。這是長官所賞賜的器物䜌旗，軍樂儀仗的一種器物，用於出行時展現軍威。

金　篆　古

設 ㄕㄜˋ shè

由「言」與「殳」組合。「殳」是指樂器的樂槌，如敲打鐘的「殸」字（　）。在古代，管樂與打擊樂是主要的演奏樂器，因此以布置樂器表達「陳設」的意義。

篆

蕡 ㄈㄣˊ fén

甲骨文字形是一個鼓座上有好多的裝飾物形象。《說文》解釋是八尺高的軍用大鼓，比一般的樂鼓有更多裝飾。

甲　篆

豈 ㄎㄞˇ kǎi

鼓架上有裝飾品。意義是軍隊戰勝回來所演奏的軍樂。

篆

喜 ㄒㄧˇ xǐ

「壴」與「口」的組合。歌唱（口）和鼓樂（壴）都代表有喜事。古文字形多一個「欠」，補足歌唱的表現。

甲 金 篆 古

兑 ㄉㄨㄟˋ duì

應是「悅」的本義。字形是一個站立的人嘴巴兩旁有相對的斜線。這是張口喜笑時臉上的笑容，表達「喜悅」的意義。

甲 金 篆

㕣 ㄧㄢˇ yǎn

從古文字形看，字源可能與「叡」（）有關。又從「容」字的金文，知道「谷」字做為某字的構件時，可以省寫成「㕣」，也說明「㕣」是「谷」的省略字形。

篆 古

殸 ㄎㄜˊ ké

一隻手拿著一把彎曲的樂槌，敲打一件懸掛著的鐘形的樂器。甲骨文沒有「鐘」字，但從「殸」字可以反映樂鐘的使用。

甲　金　篆

𡉚 ㄑㄧㄤ qiāng

南 ㄋㄢˊ nán

從甲骨文包含有「殳」（樂槌）的眾多字形，如「殸」字（　）推敲，「𡉚」字與南字可能是打擊鐘鈴之類的樂器。這二字甲骨文的意義都是「南方」，可能是中國古代樂奏時，鐘樂常設在南邊，因此以鐘鈴代表「南向」。

甲　篆

甲　金　篆　古

𢆉 ㄖㄣˇ rěn

純粹由「南」分解出來的字，不流通，沒有實際字義。

篆

甬 ㄩㄥˇ yǒng

從金文可以了解，這是一件有圈鈕可以懸吊的器物，可能就是早期的甬鐘。

金　篆

用 ㄩㄥˋ yòng

金文的「甬」字像是有環圈的鐘體，所以以為「用」字是竹節的形象。竹節可以敲擊，用來打節拍，所以有「施行」、「用處」的意義。

甲 金 篆 古

琴 ㄑㄧㄣˊ qín

舊石器晚期人們可能因為使用弓箭，而熟悉弦線震動的聲音，所以普遍認為弦樂的起源甚早。小篆清楚表現頂端的調整琴線鬆緊的弦柱。古文則加了「金」的聲符。

篆 古

瑟 ㄙㄜˋ sè

古文字形是調弦支柱的形象。琴的弦數少，瑟的弦數多，字形上差異不多，所以「琴」使用「金」標音，瑟使用「必」(必) 標音，而都成了形聲字。

篆 古

殷 ㄧㄣ yīn

「殷」是周人稱呼商朝其中一個國名。「殳」在甲骨文是只有大型的樂奏才使用的樂槌，有「作樂之盛」的意義。有文獻說商之所以滅亡，是因為人民耽溺於音樂歌舞而無心武備。

金 篆

奏 ㄗㄡˋ zòu

「奏」與音樂有關，經常與「舞」連文出現。「舞」為祈雨舞蹈，「奏」可能是娛樂神靈的樂奏，字形是雙手捧著有垂飾的舞蹈道具，指揮樂團。

甲 篆 古

翏 ㄌㄧㄠˊ liáo

一人高舉羽毛的道具在跳舞。

金 篆

10 十天干與十二地支

甲 ㄐㄧㄚˇ jiǎ

《說文》以為天干代表人體部位，從頭到腳的序列。從字形來看，「甲」字是直角交叉的十字 十，像是武士所穿綴甲的十字縫線，與人的頭部無關。

甲 金 篆

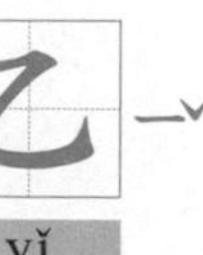

乙 ㄧˇ yǐ

「乙」字的記號以抽象的曲線表達，沒有實際的物體形象。

甲 金 篆

丙 ㄅㄧㄥˇ bǐng

字形與「內」相近，但是沒有中間的短直畫。後來「內」字的寫法訛變，「丙」字也就類化為「內」的字形。

甲 金 篆

丁 ㄉㄧㄥ dīng

字形本應該是一個圓圈或一個圓點，因雕刻需要才寫成方框形。有可能是取自釘子的頂端形象，有時畫得不圓，成為小篆上寬下窄、如釘子側面的形象。

甲 金 篆

戊 ㄨˋ wù

一把直柄窄刃的儀仗武器形。

甲

己 ㄐㄧˇ jǐ

與「乙」字稍異的記號，也可能是來自古代製作契約時，會在木上刻幾道彎曲的記號。

甲 金 篆 古

庚 ㄍㄥ gēng

康樂的「康」，是「庚」字之下有幾個小點，可能是表現樂器的聲響。「庚」字則可能是手搖鈴的形象。到了小篆訛變成雙手持盾牌，就難猜測創意了。

甲 金 篆

康 ㄎㄤ kāng

「康」是「佳好」的意思，可能是取自手搖鈴的鈴聲悅耳。到了小篆，小點訛成「米」字，就誤認創意與米糠有關。

甲 金 篆

唐 ㄊㄤˊ táng

字形是一個有舌的鈴子。因為撞擊出的聲響宏亮，所以借用表示有正面的「輝煌」、「美好」之類的意義。

甲 金 古 篆

辛 ㄒㄧㄣ xīn

一把在臉上刺字的刻刀。字中含有「辛」的，大都與犯罪刑罰有關。受處罰的心情是辛苦的，後來引申為「痛苦」、「辛辣」的感受。

甲 金 篆

壬 ㄖㄣˊ rén

古文字形簡單，可能是古人日常使用繞線的軸。到了金文，先是中線多一小點，漸成短畫而成「壬」。

甲 金 篆

弟 ㄉㄧˋ dì

此字的創意與「壬」字很有關係。《說文》精確解釋「韋束之次弟也」，纏線要規律的纏繞，才能繞得長，所以借用創造「次第」的意義。後來為了與兄弟的假借義分別，本義就寫作「第」。

甲 金 篆 古

壬 ㄊㄧㄥˇ tǐng

一個人挺立在一個小土堆上，所以有「挺立」的意義。後來省略土堆，變成站立在地面上，又因演變常規，在人身加上一小點，又由小點變成短平畫。

甲 篆

呈 ㄔㄥˊ chéng

某種工具，底部彎曲，好似不倒翁，能保持平衡而不傾倒，所以有「平衡」的意義。

甲 篆

癸 ㄍㄨㄟˇ guǐ

甲骨文字形，交叉的架子上，有四個可以打出不同聲調的樂器。字形的演變是四個短畫內移又彎曲，籀文更分離變形成像是從矢，所以也被誤以為是武器。

甲 金

篆 籀

子 ㄗˇ zǐ

十二地支之首是「子」，一個出生不久的小孩。甲骨文另一字形則代表已經長成的兒童，後來兩個字形合併為同一字。

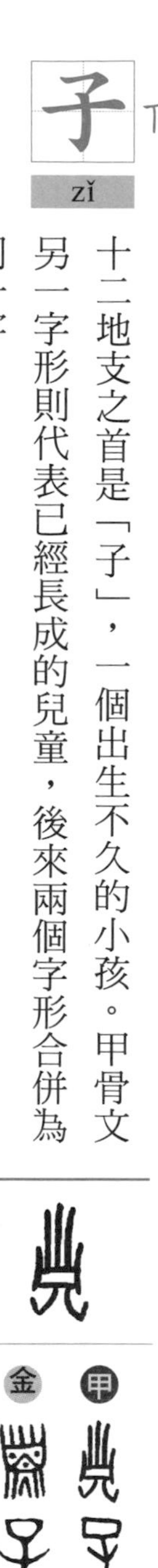

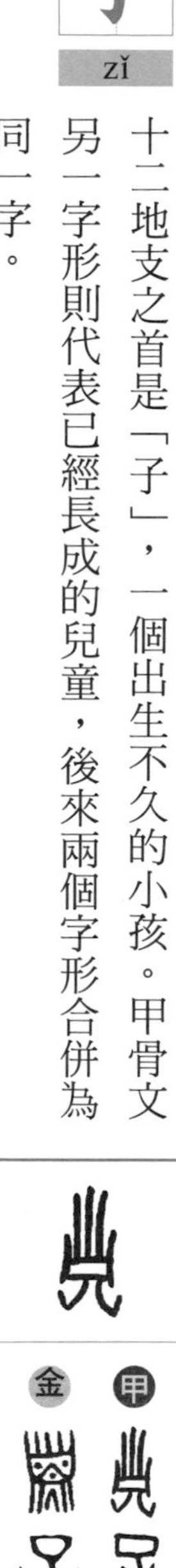

甲 金

孑 ㄐㄧㄝˊ jié

小篆時，「子」析出了「孑」、「孓」二字。「孑」為小孩缺右臂的形象，而「孓」為缺左臂的形象。

篆

孓 ㄐㄩㄝˊ jué

小孩缺左臂。「子」字後來的分化字。

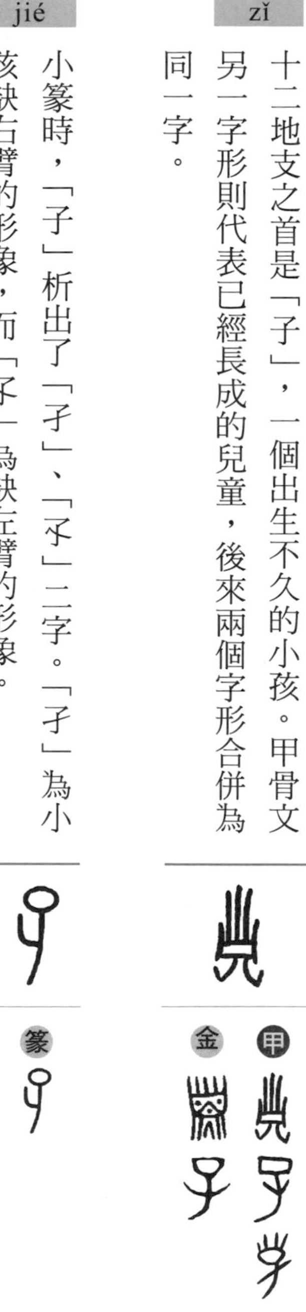

篆

丑 ㄔㄡˇ chǒu

手指彎曲的形象。在「徹」字中，「丑」是為了清洗鬲(ㄌㄧˋ)空足裡的飯粒，彎曲手指來挖掘東西的形象。

甲 金 篆

寅 ㄧㄣˊ yín

早期字形明顯是一支箭。可能為了與本義的「矢」字區別，先在箭的桿子上加一短橫畫，接著加一方框。到了金文時代，方框變成了左右手掌。

甲 金 篆 古

卯 ㄇㄠˇ mǎo

「卯」字最常用的時機是祭祀時的「左卯」或「右卯」，因此學者認為「卯」是把牲體分剖成左右兩半。本義則是泛指把物體分劈成兩半。

甲 金 篆 古

辰 ㄔㄣˊ chén

「辰」字的原形應該轉個角度看，是爬行的蚌殼類軟體動物的形象。早期農人用堅硬的蚌殼做為收割的用具，所以常用它表達與農業有關的事務。

甲 金 篆 古

巳 ㄙˋ sì

「巳」字原先借新生的小孩表示，後為與「子」字分別，就改用未出生的胞胎表達。小篆的字形，代表頭部的圓圈斷了，所以錯以為是一條蛇的形象。

甲 金 篆

午 ㄨˇ wǔ

春搗米粒的木杵。本來應是一根長棍子，為了與「十」字分別，就在直線上加兩小點，再漸漸變成短橫畫，上頭的橫畫再變成較長的斜畫而逐漸成「今」字。

甲 金 篆

幺 一ㄠ yāo

一股絲線。意義是「微小」。意義也可能來自「幽」字（𢆶）表現火燃燒兩股燈蕊，光線幽暗微小，所以才以「幺」表達。

金

小 ㄒㄧㄠˇ xiǎo

甲骨卜辭有時會寫成「少」，可知兩字是通用的。創意以筆畫作上一下二的排列加以表達，大概只是記號，表達量少的概念。

甲 金 篆

少 ㄕㄠˇ shǎo

以四個小點或拉長的點作上下左右的排列，表達微量的概念。後來正式與「小」區分，「小」偏重於長度，「少」則偏重於量的表達。

甲 金 篆

沙 ㄕㄚ shā

金文字形是一條水流與數目從四至九顆不等的沙粒，表現沙粒大都在水邊出現。

金 篆

ㄒㄧㄢˇ

xiǎn

「是」與「少」的組合。表達非常少的程度。

篆

大 ㄉㄚˋ

dà

一個正面站立的大人形象。借用成人的身軀大於小兒，表達「大」的抽象概念。

甲 金 篆 籀

未 ㄨㄟˋ

wèi

創意來自樹木。「木」字的枝條是直線的，「未」字的枝條卻是彎曲的，強調枝條茂盛。後來為了與「木」字區分清楚，就再加上一層枝條，使意思更容易理解。

甲 金 篆

申 ㄕㄣ

shēn

借用光線曲折而多道的閃電的形象表達。到了金文時代，分歧的閃電從本幹的閃電分離了，而字形可能與「雷」字（ ）起了混淆。

甲 金 篆 古

電 ㄉㄧㄢˋ diàn

在甲骨文時代，從天上掉下來的有形的東西，才加「雨」的意義符號，所以在金文之前，「申」字可能也兼作「電」字。到了金文時代，天上的現象都已歸納為雨部，才創出「電」。

金 篆 古

雷（畾）ㄌㄟˊ léi

閃電與響雷常相伴出現，甲骨文就將「雷」作閃電中伴有雷聲的形象。到了金文開始加上「雨」的意符，也以多個「田」字表達，到了小篆，便已習慣作上一下二的排列了。

甲 金 篆 古

雲（云）ㄩㄣˊ yún

甲骨文是捲曲的雲朵形狀。可能為了要和「旬」字有所區別，另外加上像是「上」字的符號，表明是天上的雲彩。

甲 篆 古

旬 ㄒㄩㄣˊ xún

甲骨文像是雲的形象。到了金文加上「日」的符號，表明意義與日期有關。小篆稍有變形，像是一個圈把「日」包起來。

甲 金 篆 古

酉 ㄧㄡˇ yǒu

裝酒運輸到遠地的窄口長身尖底的陶器，上端兩個可以穿繩的半圓形器紐。

甲 金 古 篆

畐（福） ㄈㄨˊ fú

敬神祈求福報的酒罐。引申為滿滿的「福氣」。後來加「示」，補足意義而成為形聲字。

甲 金 篆

酋 ㄑㄧㄡˊ qiú

陳年好酒，酒香四溢的樣子。字形是實體加抽象組合的指事字。又假借為首長或權勢人物的稱呼。

篆

奠 ㄉㄧㄢˋ diàn

大口的陶缸底部被埋在土中，這樣才不會傾倒或移動，所以有「奠定」的意義。

甲 金 篆

戌 ㄒㄩ xū

一把直柄的武器，刃部有相當寬度，使用方式為直下砍殺，攻擊面大，必須使用厚重的材料製作。主要是做為執行刑罰的武器，也是司法權的象徵。

甲 金

亥 ㄏㄞˋ

hài

「亥」字看起來像是「豕」（豬）去了頭。也許是因為古代某些地方會以懸掛豬頭表示財富。

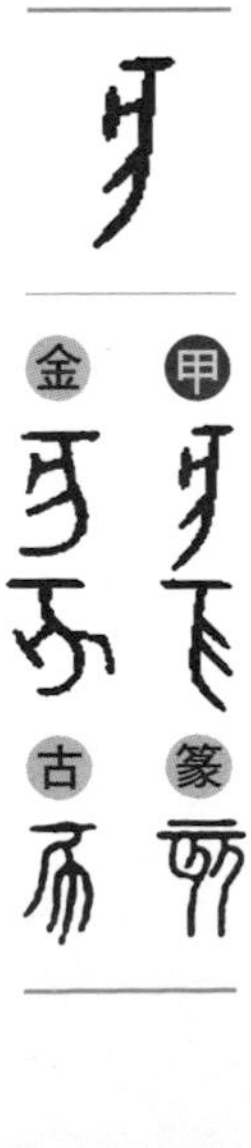

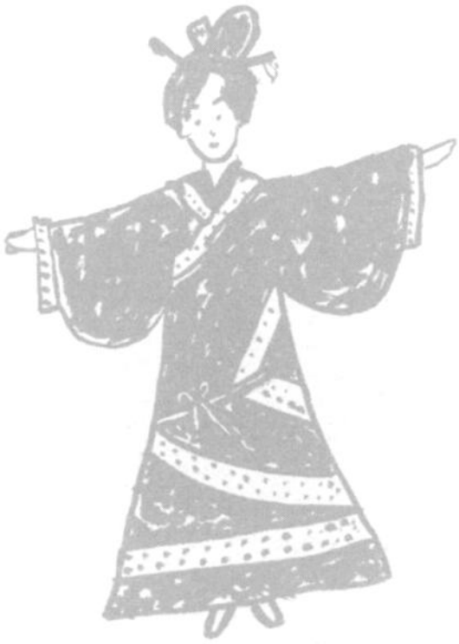

漢語拼音檢字索引

D

勹ㄢ（diàn）
電　391
奠　392

勹ㄠ（diào）
弔　330

勹ㄝ（dié）
蟄　110
疊　156
耋　352
眣　359

勹ㄥ（dīng）
丁　384

勹ㄥ（dǐng）
鼎　149

勹ㄨㄥ（dōng）
東　340
冬　344

勹ㄡ（dōu）
兜　91

勹ㄡ（dǒu）
斗　295

鬥　99
亞　155
鈕　155
豆　156

勹ㄨ（dú）
毒　251

蠹　142

勹ㄨㄢ（duān）
耑　252

勹ㄨㄢ（duǎn）
短　89

勹ㄨㄢ（duàn）
斷　274

段　286

勹ㄨㄟ（duī）
白　102

勹ㄨㄟ（duì）
對　108
兌　380

勹ㄨㄣ（dūn）
敦　65

勹ㄨㄣ（dǔn）
盾　91

勹ㄨㄛ（duō）
多　142

奪　52

E

ㄜ（e）
屙　226

軛　226

ㄝ（ê）
誒　226

ㄦ（ér）
鮞　364
兒　354
而　355

ㄦ（ěr）
尔　58
爾　58
耳　351

刵　119
二　300

F

ㄈㄚ（fā）
馘　91

伐　83
乏　101
罰　114

ㄈㄚ（fǎ）
法　38
灋　38
髮　354

ㄈㄢ（fān）
番　77

樊　97
煩　131
凡　223
緐　323
繁　323

ㄈㄢ（fǎn）
反　271

嬎　323

ㄈㄤ（fāng）
方　240

匚　261／333

ㄈㄟ（fēi）
飛　53
非　372

ㄈㄟ（féi）
肥　362

朏　343

ㄈㄣ（fēn）
吩　72
分　253

焚　240
鼖　379

ㄈㄣˋ(fèn)
奮 52
糞 148
ㄈㄥ(fēng)
風 39
封 106
丰 106
豐 341
ㄈㄥˋ(fèng)
鳳 39
ㄈㄡˇ(fǒu)
缶 279
ㄈㄨ(fū)
夫 318
ㄈㄨˊ(fú)
鳧 56
伏 72
孚 107
市 173
芾 173
弗 262
甶 334
逯 335
畐 392
福 392
ㄈㄨˇ(fǔ)
頫 130
甫 244
ㄈㄨˋ(fù)
父 82/321
付 104
阝 190
阜 190
𤤻 226
复 285
復 285

G

負 288
婦 319
ㄍㄞˇ(gǎi)
改 312
ㄍㄞˋ(gài)
𢿌 331
匄 365
ㄍㄢ(gān)
干 95
戟 96
甘 160
ㄍㄢˇ(gǎn)
敢 283
ㄍㄠ(gāo)
羔 66
皋 130
高 189
ㄍㄠˇ(gǎo)
夰 130
臭 130
杲 166
ㄍㄠˋ(gào)
告 213
誥 376
ㄍㄜ(gē)
戈 83
割 281
ㄍㄜˊ(gé)
革 269
鞷 270
ㄍㄜˋ(gè)
各 192
ㄍㄣˋ(gèn)
亙 250
艮 360
ㄍㄥ(gēng)
更 168
賡 292
庚 385
ㄍㄥˇ(gěng)
耿 352
ㄍㄨㄥ(gōng)
龔 61
弓 87
工 128
攻 128
宮 188
躬 367
厷 371
肱 371
ㄍㄨㄥˇ(gǒng)
廾 371
ㄍㄨㄥˋ(gòng)
共 269
ㄍㄡ(gōu)
句 365
勾 365
ㄍㄡˇ(gǒu)
苟 129
ㄍㄡˋ(gòu)
冓 264
ㄍㄨ(gū)
夃 297
ㄍㄨˇ(gǔ)
蠱 41
古 101
谷 183
骨 260
鼓 272
股 372

ㄏㄨㄚˋ(huà)
畫 172
ㄏㄨㄞˊ(huái)
褱 313
ㄏㄨㄢˊ(huán)
萈 33
雈 48
戌 198
還 328
ㄏㄨㄢˋ(huàn)
豢 61
宦 112
患 268
幻 274
奐 319
ㄏㄨㄤˊ(huáng)
皇 122
黃 175
ㄏㄨㄟ(huī)
灰 147
ㄏㄨㄟˊ(huí)
回 198
ㄏㄨㄟˇ(huǐ)
虫 40
毀 141
ㄏㄨㄟˋ(huì)
喙 69
會 151
沬 177
頮 177
卉 238
惠 276
彗 343
ㄏㄨㄣ(hūn)
昏 166
婚 320
ㄏㄨㄣˋ(hùn)
圂 203
ㄏㄨㄛˇ(huǒ)
火 143
ㄏㄨㄛˋ(huò)
蒦 55
靃 56
霍 56
或 86
叡 331
壑 331
J
ㄐㄧ(jī)
羈 38
丌 207
几 208
卟 299
姬 324
ㄐㄧˊ(jí)
集 51
及 105
亟 110
即 152
皀 155
疾 201
棘 213
毄 226
耤 240
吉 287
㗊 290
亼 348
丮 363
ㄐㄧˇ(jǐ)
戟 83
幾 273
脊 367
己 384
ㄐㄧˋ(jì)
彑 68
彐 68
稷 135
季 140
既 152
繼 274
㡭 274
計 299
冀 336
祭 339
ㄐㄧㄚ(jiā)
家 67
豭 68
嘉 312
ㄐㄧㄚˊ(jiá)
戛 85
夾 353
ㄐㄧㄚˇ(jiǎ)
斝 159
叚 287
甲 383
ㄐㄧㄢ(jiān)
戔 83
湔 177
監 177
間 195
幵 212
戋 248
兼 251
姦 348
奸 348
肩 367
ㄐㄧㄢˇ(jiǎn)

R

ㄕˊ (shí)：食 134
ㄕ (shī)：失 360　屍 329　尸 329　濕 277　師 102
ㄕㄥˋ (shèng)：聖 234
ㄕㄥ (shēng)：生 310　升 295
ㄕㄣˋ (shèn)：甚 160　慎 145　昚 145
ㄕㄣˇ (shěn)：審 77

ㄕˋ (shì)：市 288　氏 266　室 201　是 157　事 125　奭 100　識 84　士 62
ㄕˇ (shǐ)：屎 368　史 125　矢 89　象 68　豕 66
ㄕˊ (shí)：十 304　實 289　石 257

ㄕㄨˊ (shú)：菽 136　朮 213
ㄕㄨ (shū)：梳 176　書 124　殳 85　几 56
ㄕㄡˋ (shòu)：受 154　獸 71
ㄕㄡˇ (shǒu)：手 355　百 351　首 350　守 147
ㄕˋ (shì)：示 333　世 305

ㄕㄨㄞ (shuāi)：衰 171
ㄕㄨㄞˇ (shuǎi)：甩 271
ㄕㄨㄚ (shuā)：耍 271
ㄕㄨˋ (shù)：荗 325　樹 272　尌 272　束 250　庶 143　戍 84
ㄕㄨˇ (shǔ)：黍 135　蜀 59　鼠 43
ㄕㄨˊ (shú)：孰 145　朮 137

ㄙˇ (sǐ)：死 327
ㄙ (sī)：思 369　絲 273　厶 236　司 128　斯 117　虒 36
ㄕㄨㄣˋ (shùn)：舜 336
ㄕㄨㄟˇ (shuǐ)：水 182
ㄕㄨㄤˇ (shuǎng)：爽 174
ㄕㄨㄤ (shuāng)：雙 49
（shuài）：帥 314

ㄙㄨˋ (sù)：粟 141
ㄙㄨ (sū)：穌 58
ㄙㄡ (sōu)：蒐 336　搜 209　叟 209
ㄙㄨㄥˋ (sòng)：宋 333　送 210　竦 373
ㄙˋ (sì)：巳 388　四 301　兕 37　繺 33

言 375　喦 335　嚴 282　延 217　炎 144　麙 36　丨ㄢ（yán）　焉 56　丨ㄢ（yǎn）　兩 155　亞 105　丨ㄚ（yà）　牙 366　丨ㄚ（yá）　ㄚ（Y）　巽 153

丨ㄠ（yāo）　易 164　羊 65　丨ㄤ（yǎng）　央 206　丨ㄤ（yāng）　晏 346　虜 149　猒 75　燕 49　丨ㄢ（yàn）　台 380　甗 366　奄 340　衍 231　广 187　弇 151　攸 103

也 312　冶 287　野 186　丨ㄝ（yě）　邑 359　夭 349　窅 284　舀 248　杳 167　丨ㄠ（yǎo）　舂 378　窯 280　窰 280　堯 234　丨ㄠ（yáo）　幺 389　腰 370　要 370

以 290　乙 56　丿丨（yǐ）　夷 329　彞 337　疑 219　丿丨（yí）　一 300　医 265　衣 170　伊 126　丨（yǐ）　腋 368　嘩 256　曄 256　枼 250　業 108　丨ㄝ（yè）

啻 307　肄 302　弋 265　刈 255　又 235　藝 184　邑 172　裔 154　益 118　劓 110　罜 109　抑 93　義 69　豙 59　易 45　逸 45　丨（yì）　乙 384

飲 157　尹 124　引 87　丨ㄣ（yǐn）　寅 387　尤 374　嚚 113　丨ㄣ（yín）　殷 382　音 376　堙 219　因 200　丨ㄣ（yīn）　亦 368　異 337　役 326　意 308　億 307

ㄧㄥ（yīng）：鷹 47、嬰 176

ㄧㄥ（yíng）：蠅 41、熒 210、盈 297、贏 323、褮 336

ㄩㄥ（yǒng）：饔 153、雝 203

ㄧㄣ（yǐn）：印 109、胤 370

夊 217　暈 371　隱 371

ㄧㄡ（yǒu）：畚 378、尤 356、郵 186、游 103

ㄧㄡ（yóu）：幽 209、慐 130、攸 121、麀 32

ㄩㄥ（yòng）：用 382

ㄩㄥ（yǒng）：甬 381、永 231

ㄩㄥ（yǒng）：矞 340

雍 203

羽 51

ㄩ（yǔ）：于 296、余 232、舁 225、輿 224、與 208、漁 57、魚 56

ㄩ（yú）：又 356、幼 315、囿 204

ㄧㄡ（yòu）：酉 392、友 356、牖 197、卣 162

育 311　禹 306　賣 291　玉 258　馭 229　御 229　爩 212　鬱 158　聿 124　矞 86　獄 73

ㄩ（yù）：雨 342、禹 306、予 272、庾 249、與 225、圉 110

怨 115

ㄩㄢ（yuán）：元 349、邍 181、原 181、袁 171、員 148、爰 79

ㄩㄢ（yuán）：淵 223、肙 223、智 115、冐 60、冤 45

ㄩㄢ（yuān）：昱 344、俞 326、毓 311

雲 391　匀 282

ㄩㄣ（yún）：壹 162

ㄩㄣ（yǔn）：龠 378、樂 377、月 343、岳 340、屵 180、敫 132、跀 118、刖 118、戉 92

ㄩㄝ（yuē）：曰 363

總筆畫檢字索引

一畫

二畫

三畫

四畫

五畫

六畫

七畫

八畫

九畫

十畫

嬰	秝	皋	班	祝	書	趴	桀	乘	宰	習	訊	学	奚	威	旅	師	門
135	134	130	129	127	124	118	116	115	115	115	111	108	108	105	103	102	99
袁	衰	配	邑	酒	盍	益	卿	鬲	員	弄	婁	真	炙	粟	秦	年	差
171	171	161	159	158	155	154	152	150	148	148	147	146	142	141	140	139	139
泰	荊	送	叟	盈	容	圂	疾	席	冎	扇	退	陟	亳	高	宮	原	梳
218	212	210	209	206	203	203	201	200	196	195	193	191	189	189	188	181	176
骨	祗	栗	豖	兼	㼌	舀	倉	書	圃	留	旁	辱	庫	害	朕	涉	䀹
260	257	254	253	251	249	248	247	246	244	244	240	239	228	226	220	220	219
牲	离	祘	料	窅	晉	哲	害	釗	沛	索	素	桑	茲	絜	般	冓	框
310	307	298	295	284	282	282	281	281	278	277	276	276	276	268	265	264	261
躬	笑	哭	眣	罘	彭	茸	耿	夏	㝠	埋	鬼	敚	欶	姬	祖	孫	冥
367	364	364	359	357	354	352	352	344	342	339	334	330	326	324	321	313	311

十二畫

十三畫

十六畫

十七畫

十八畫

十九畫

二十畫

二十一畫

甲骨文字典／許進雄作 . -- 二版 . -- 新北市：字畝文化創意有限公司出版：遠足文化事業股份有限公司發行 , 2023.05
面；　公分
ISBN 978-626-7200-83-4（平裝）
1.CST：甲骨文　2.CST：字典
792.2044　　112006346

Learning 016

甲骨文字典（新版）

作者｜許進雄

字畝文化創意有限公司
社長兼總編輯｜馮季眉
責任編輯｜戴鈺娟
編輯｜陳心方、巫佳蓮
封面設計及繪圖｜Bianco Tsai
美術設計及排版｜張簡至真

讀書共和國出版集團
社長｜郭重興　發行人｜曾大福
業務平臺總經理｜李雪麗　業務平臺副總經理｜李復民
實體書店暨直營網路書店組｜林詩富、郭文弘、賴佩瑜、王文賓、周宥騰、范光杰
海外通路組｜張鑫峰、林裴瑤　特販組｜陳綺瑩、郭文龍
印務部｜江域平、黃禮賢、李孟儒

出版｜字畝文化創意有限公司
發行｜遠足文化事業股份有限公司
地址｜231新北市新店區民權路108-2號9樓
電話｜(02)2218-1417　傳真｜(02)8667-1065
客服信箱｜service@bookrep.com.tw
網路書店｜www.bookrep.com.tw
團體訂購請洽業務部 (02) 2218-1417 分機1124
法律顧問｜華洋法律事務所 蘇文生律師
印製｜通南彩色印刷有限公司

2023 年 5 月　二版一刷
定價：650 元　書號：XBLN4016　ISBN：978-626-7200-83-4